엽기강사 이승해의

중국어 첫걸음

이승해 저

다락원

중국어라는 언어를 배울 때도 그랬고, 또 가르칠 때도 내 머릿속은 온통 '좀 더 쉽게, 좀 더 재미있게 접할 수 있으면 얼마나 좋을까'라는 생각으로 가득 차 있었다. 음이 높아졌다 낮아졌다, 강해졌다 약해졌다를 거듭하는 중국어가 참 매력적이어서 배우고자 다가갔는데, 그 '음'이 말이다. 생각보다 너무 어려운 것이었다. 들으면 알겠는데, 내 입은 도저히 따라가지 못하는 것이 그렇게 답답할 수가 없었다. 하지만 중국어 발음이 처음부터 내게 아무런 어려움 없이 쉽게 다가왔었다면, 지금 내가 이런 책을 쓸 수 없었을지도 모른다. '왜 안 되는지', '어떻게 하면 되는지'를 연구할 필요가 없지 않았겠는가! 우리 한국 사람들은 **우리말과 비교 · 대조해서 설명**할 때, 가장 빨리 이해한다. 그냥 '중국어는 이래요' 하고 가르치는 것보다, '한국어는 이런데, 중국어는 이래요' 하고 한국어의 어법과 어휘에 비교해 주고, '왜 그럴까요?' 하고 스스로 생각하게끔 했을 때 그들은 **가장 빨리 이해**했다.

이 책은 그러한 필자의 경험을 살려 집필하였다. 외국어 학습의 기초인 '반복 학습'에 중점을 두었고, 이 책을 접하는 학습자가 중국어 초보자임을 감안하여 어려운 문법용어는 완전히 배제하고, 단어 하나하나까지도 우리 한국 사람들에게 가장 이해가 쉬운 설명을 하였다.

이 책의 컨셉은 요리이다. 1주차에는 장을 보듯 중국어의 기초라 할 수 있는 발음과정을 배우도록 되어 있다. 그리고 2주차부터 12주차까지는 '중국어'라는 요리를 하나씩 배우며 만들어 나가는 것이다. 중국어를 생소한 언어라고 어렵게 생각하지 말고 일주일에 하나의 요리를 완성한다고 생각하고 하루에 한 장씩만 공부해 보자. 그럼 어느새 중국어로 노래가 흥얼흥얼 나올 것이다.

끝으로 언제나 나를 지지해 주시는 나의 영원한 스승 니밍량(倪明亮) 교수님, 채영순 교수님, 나의 가족과 지인, 그리고 이 책이 출판되기까지 함께 고생해 주신 다락원 중국어출판부에 감사를 드린다.

이 승 해

이 책의 순서

이 책의 순서

Contents

이 책의 구성

	학습포인트	기본 표현	새단어 (보충단어를 제외한 기본 단어)

1주차
중국어의 발음
	– 기본운모, 성조
	– 성모
	– 복운모
	– 비운모
	– 발음 및 성조 연습
	– 권설운모와 얼화, 성조
	  변화
		– a o e i u ü
		– b p m f d t n l g k h j q x zh ch sh r z c s
		– ai ei ao ou ia ie ua uo üe iao iou uai uei
		– an ian uan üan en in uen ün ang iang uang eng
		  ing ueng ong iong
		– er	

2주차 **打招呼** 인사하기	– 형용사술어문 – 부정부사 '不' – '吗' 의문문 – 어기조사 '呢' – 인칭대사	你好! 你好吗? 我很好。 再见!	你│好│吗│我│很│再│见│呢│也
3주차 **问姓名** 이름 묻기	– 중국어의 기본 어순 – 동사술어문 – 이름 묻는 표현 – '是'자문 – 의문사 '什么' – 지시대사	请问 您贵姓? 我姓金。 我叫王力宏。	请│问│您│贵姓│姓│叫│认识│高兴
4주차 **点菜** 주문하기	– 양사 – 숫자 읽는 법 – 대동사 '来' – 이중목적어	您要什么? 我要吉士汉堡。 还要什么? 不要了。	要│吉士│汉堡│还│了│欢迎│光临│一│个│和│杯│可乐
5주차 **介绍** 가족 소개	– '有'자문 – 의문사 '谁' – 나이 묻는 표현 – 직업 묻는 표현 – 가족수를 묻는 표현	你有弟弟吗? 你多大? 我二十岁。 你做什么工作?	有│弟弟│多大│岁│做│工作│没有│今乍│年纪│几│演员
6주차 **问去处** 장소 묻기	– 의문사 '哪儿' – 연동문 – 어기조사 '吧' ① – 방위사 – 在 – 구조조사 '的'	你去哪儿? 我去商店。 商店在哪儿? 商店在邮局旁边儿。	去│哪儿│商店│在│邮局│旁边儿│买│东西│知道│对│吧

	학습포인트	기본 표현	새단어 (보충단어를 제외한 기본 단어)
7 주차 **买东西** 물건 사기	– 조동사 '要' 1 – 금액 읽는 법 – (一)点儿 – 太…了 – 怎么样	你要买什么? 多少钱? 2 块 7 (毛)。 我要买两盒牛奶。	要｜多少｜钱｜块｜毛｜分｜售货员｜阿姨
8 주차 **过生日** 생일 보내기	– 조동사 '可以' – 연, 월, 일, 요일의 표현 – 동사 중첩	祝你生日快乐! 我可以打开看看吗? 你的生日是几月几号? 我的生日是四月八号。	祝｜生日｜快乐｜可以｜打开｜月｜号｜礼物｜啊｜帽子｜希望｜喜欢
9 주차 **看电影** 영화 보기	– 시간 표현 – 조동사 '想' – 어기조사 '吧' ② – 听说	现在几点? 现在十二点半。 听说那部片子挺有意思的。 我早就想看了!	现在｜点｜半｜听说｜部｜片子｜挺｜有意思｜早就｜想｜那么｜咱们｜金刚｜下午｜上午｜开始｜对｜卖票员｜张
10 주차 **看病** 진찰 받기	– 조동사 '要' ② – 一下 – 조동사 '会' – 有(一)点儿	您哪儿不舒服? 我头疼、咳嗽、流鼻涕。 您得的是感冒。 要打针吗?	舒服｜头疼｜咳嗽｜流｜鼻涕｜得｜感冒｜打针｜给｜量一下｜体温｜大夫｜哎哟｜有(一)点儿｜发烧｜不用｜按时｜吃药｜水｜就｜会｜好
11 주차 **坐车** 차 타기	– 정반의문문 – 선택의문문 – 可是 – '一'를 'yāo'로 읽는 경우 – 因为	咱们吃饺子, 好不好? 我们坐公交车去还是坐地铁去? 可是地铁要换车。 坐 271 路。	饺子｜坐｜公交车｜还是｜可是｜换车｜路｜明洞｜因为
12 주차 **问路** 길 묻기	– 길 묻는 표현 – 결과보어 '见' – 의문사 '怎么' – 어기조사 '了' – 의문부사 '多'	明洞饺子怎么走? 过了麦当劳 往右拐 麻烦您了。	怎么｜走｜过｜麦当劳｜往｜拐｜麻烦｜家｜哦｜看见｜就

이 책의 활용

이 책은 총 12과로, **1주일에 1과**를 마스터하도록 하였습니다. 첫 번째 주는 중국어의 발음을 배우고, 두 번째 주에서부터 마지막 주까지는 기초 단계의 회화를 **하루에 한 장씩** 학습할 수 있도록 하였습니다. 어떻게 활용할 수 있는지 한번 볼까요?

본문

첫째날 : 기본 표현 익히기

그 주에 배워야 할 가장 기본이 되는 핵심 표현이 제시되어 있고, 옆에 「선생님~ 요건 어떤 맛을 내는 데 필요한가요?」를 두어 기본 표현에 대한 상세하면서도 재미있는 설명을 더하였습니다.

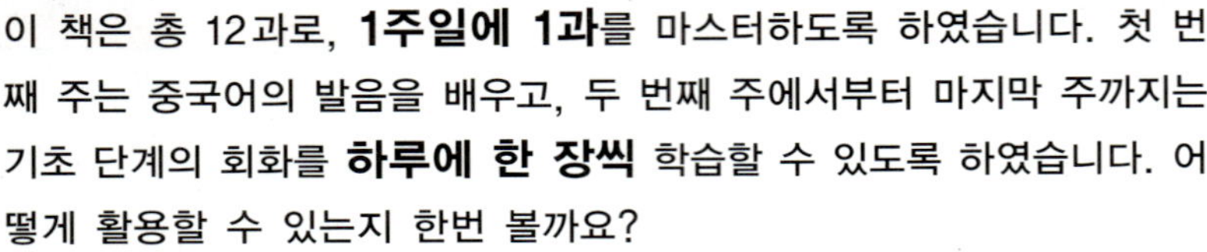

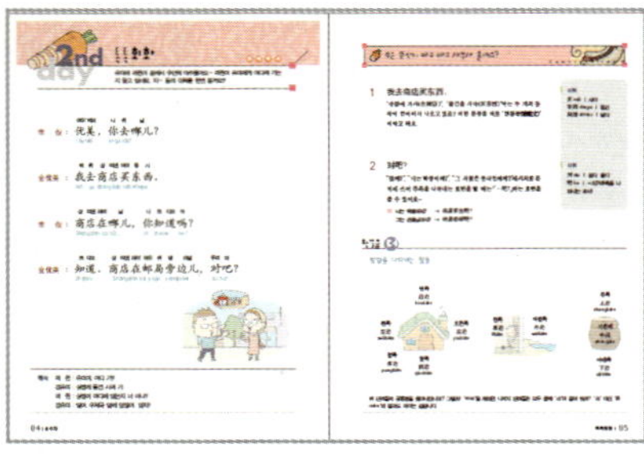

둘째날 : 톡톡회화

기본표현을 확장시킨 회화입니다. 오른쪽 「무슨 뜻인지 마구 마구 해부해 볼까요?」에서는 각 회화의 어법이나 회화포인트에 대한 해설이 나옵니다.

셋째날 : Listening & Writing Drill

'3단계 속도 조절 연습'과 '받아쓰기'를 두어 첫째날과 둘째날에 배운 내용에 대한 듣기와 쓰기 실력을 키울 수 있도록 하였습니다.

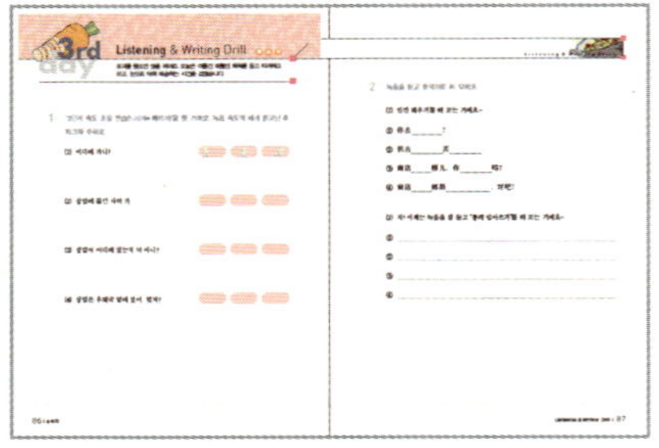

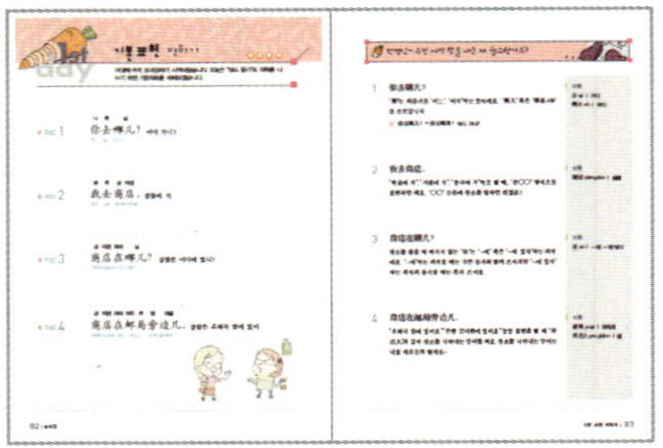

이 책의 활용

넷째날 : 플러스 표현 익히기

주제에 맞는 양념 표현 네 문장을 간단 명료한 설명과 함께 제공하였고, 오른쪽에는 '교체연습'을 두어 포인트 문장을 활용할 수 있도록 하였습니다.

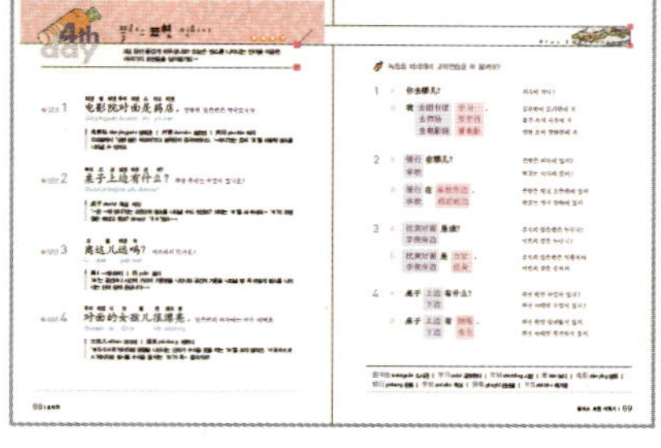

다섯째날 : 종합연습문제

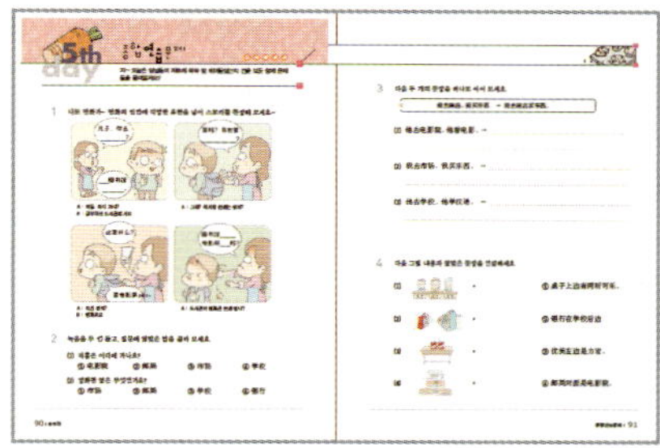

어렵고 지루한 문제는 피하고, 중국어 만화 스토리 완성하기 등 매 과마다 다양한 문제를 재미있게 풀 수 있도록 하였습니다.

여섯째날 : 간체자 쓰기 &
선율과 함께 춤을

해당 주에 나온 간체자를 번체자와 함께 익히며 써 보기도 하고, 노래를 부르며 신나게 중국어를 배울 수 있도록 하였습니다.

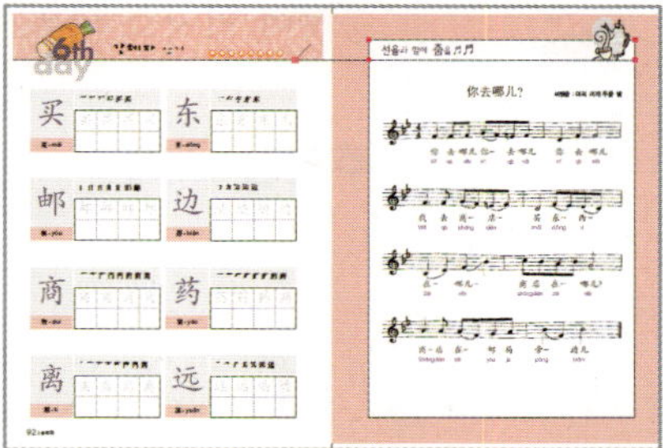

일곱째날 : 중국문화에 발 담그기

매일매일 공부하면 지겹고 재미없죠? 마지막날에는 생생한 사진자료와 함께 중국문화 이야기를 읽으며 그 동안 공부한 머리를 가볍게 식히세요~

MP3 CD

본 교재의 MP3 CD에는 1주차 「중국어의 발음」과 2주차에서 12주차까지의 「기본표현 익히기」, 「어휘」, 「톡톡회화」, 「Listening&Writing Drill」, 「플러스 표현 익히기」, 「교체연습」, 「종합연습문제」 그리고 「선율과 함께 춤을」이 녹음되어 있습니다.

이승해가 추천하는 중국여행지 BEST20

중국의 유구한 역사와 함께 이어져 내려온 역사유적, 그리고 하늘이 내린 은혜라고 일컫는 자연경관 중 BEST20을 선정해 여행지 소개, 가는 방법, 입장료, 알짜 중국어, 음식 소개 등 여행에 도움이 되는 자료를 생생한 사진자료와 함께 제공하였습니다.

왕초보를 위한 중국어 연상 Voca

왕초보를 위한 중국어 연상 Voca는 휴대하기 쉽도록 손바닥만한 사이즈의 별책으로 제공됩니다. 왕초보에게 가장 필요한 순기초 단어 350여 자를 선정해 35가지 주제로 나누었고, 단어를 활용한 재미있는 이야기를 제공하여 억지로 외우지 않아도 단어가 술술 떠오르도록 하였습니다.

주인공 소개

리쮠(李俊), 중국인
Lǐ Jùn

김유미(金优美), 한국인
Jīn Yōuměi

왕리홍(王力宏), 중국인
Wáng Lìhóng

1

중국어의 발음

1주차 : 장보기

중국어는 한자만 보고서는 소리가 어떻게 나는지 전혀 알 수 없는 표의문자(表義文字)입니다. 우리가 아는 단어인 '好'를 예로 들어 볼게요~

우리는 '호'라고 읽는 '好'를 중국어로는 '하오'라고 읽습니다. 옆에 영어처럼 생긴 것을 '한어병음(汉语拼音)'이라고 부르는데 이는 중국어의 발음기호랍니다. 한어병음은 성모, 운모, 성조로 이루어져 있죠~ 중국어를 읽고 쓰기 위해선 이 한어병음을 배워야 해요. 자~ 이번주에는 한어병음을 배워 볼까요?

기본 운모와 성조

'ㅏ ㅔ ㅣ ㅗ ㅜ'와 같이 소리를 받쳐주는 음을 중국에서는 '운모'라고 해요.
오늘은 중국어의 39개 운모 중 6개의 운모와 '성조'를 배워요~

단운모 ※ 우선 발음 설명을 보며 혼자서 연습해 본 후에 녹음을 들으면서 큰 소리로 따라해 보세요.

a	o	e	i	u	ü
아	오(어)	으(어)	이	우	위

a 아

치과에서 치료 받을 때 입을 '아-' 하고 벌리죠? 그 느낌으로 입을 크게 벌려서 '아-' 하고 길게 늘여 발음해 봅니다.

o 오(어)

한국어의 '오'와는 달라요. 이 발음은 입술을 모아서 '오'를 발음하다가 입술을 살짝 풀면 저절로 '어' 발음이 이어져 난답니다.

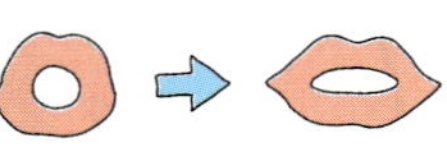

e (으)어

턱을 앞으로 쭉 빼고 '으'를 발음하다가 턱을 다시 제 위치로 당기면서 '어'를 재빨리 발음해 줍니다.

i 이

'치~이~즈'할 때 '이'를 발음할 때처럼 입술을 옆으로 길게 벌리고 '이'라고 발음합니다.

u 우

눈을 감고 입술을 조그맣게 모아줍니다~ 눈을 슬며시 뜨면서 '우~'

ü 위

입술모양은 '우'로 하고, 그 입술모양을 유지하면서, '위' 발음을 합니다. 입술 모양이 바뀌지 않게 주의하세요~

잠깐!! 단운모 i, u, ü 가 단독으로 음절을 이룰 경우에는 각각 yi, wu, yu 로 표기해요~

성조(声调)

'성조'란 음절마다 가지고 있는 '소리의 높낮이'를 말합니다. 중국어는 같은 발음이라도 소리의 높낮이에 따라 의미가 달라지거든요. 단운모 a로 성조연습을 해 봐요~

ā   á   ǎ   à   a

1성 : 높고 평평한 소리

ā

치과에서 이를 치료할 때 입을 벌리고 '아~~' 하고 소리내죠? 1성을 소리낼 때는 치과에서 '아~~' 할 때처럼 높고 평평하게 내야 합니다.

2성 : 끌어올리는 소리

á

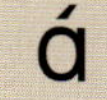

상대방이 하는 말을 잘못 들었을 때 "뭐?" 하고 되물을 때와 같이 끝만 살짝 올려 주는 느낌이 바로 2성입니다.

3성 : 낮게 가라앉았다 빨리 끌어올리는 소리

ǎ

어떤 설명을 이해했을 때 "아~아!"라고 말하죠? 이 때 '~' 부분에서 소리가 낮게 쳐졌다가 다시 올라오는 느낌이에요~

4성 : 높은 곳에서 낮은 곳으로 떨어지는 소리

à

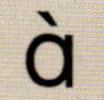

물건을 어딘가에 두고 잊고 나왔을 때 "아!" 하는 느낌으로 4성을 연습하세요.

경성 : 짧고 가벼운 소리

a

주사를 맞을 때 엄살을 부리며 약하게 "아!" 하는 것과 같은 느낌.

2nd day 성모

'성모'란 한국어의 '자음'과 같아요. 즉, 한국어에 'ㄱ, ㄴ, ㄷ, ㄹ …'이 있다면, 중국어엔 'b, p, m, f …'가 있답니다.

※ 우선 오른쪽 페이지까지 설명을 보며 혼자서 발음 연습을 한 후에 녹음을 들으면서 큰소리로 따라 읽어 보세요.

잠깐!! b p m f는 단독으로 읽을 때 운모 o와 함께 발음해요~

b ㅂ, ㅃ	'뽀뽀'와 같은 발음. '뽀'에서 끝나지 않고, '뽀어=뻐'  bàba 빠바

p ㅍ
입술을 튕겨 주면서, '포어=퍼'   pópo 포(어)퍼

m ㅁ
애기가 '맘마' 할 때처럼, 콧소리를 내며, '모어=머'  māma 마마

f ㅍ
나훈아 씨의 포즈(윗니로 아랫입술 물기)로 '포어'  fùmǔ 푸무

잠깐!! d t n l g k h는 단독으로 읽을 때 운모 e와 함께 발음해요~

d ㄷ, ㄸ
놀라서 '뜨아~' 할 때처럼 혀끝을 윗잇몸에서 튕겨내며 '뜨어=떠'  dà 따

t ㅌ
혀끝을 윗니 안쪽 잇몸에서 튕겨내며 '트어=터'  tā 타

n ㄴ
혀끝을 윗니 안쪽 잇몸에서 튕겨내며 '느어=너'   nǐ 니

l ㄹ
'랄라라' 할 때처럼, 혀끝을 윗잇몸에 대었다 떼며 '르어=러'  là 라

g ㄱ, ㄲ
트림할 때 '꺼억' 하듯, '끄어=꺼'   gēge 끄어거

k ㅋ
맥주를 마시고 나서 '크어' 하듯, '크어=커'  kěkě 크어커

h ㅎ
'흐흐흐' 할 때 '흐'에 '어'를 덧붙여, '흐어=허'   hē 흐어

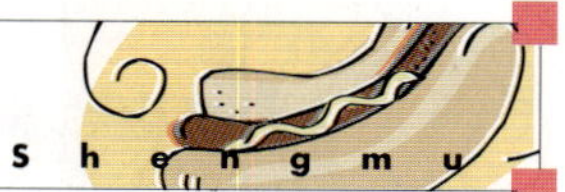

 j q x zh ch sh r z c s는 운모 i와 함께 발음합니다. zh ch sh r z c s가 i와 함께 발음될 때 'i' 는 '이'가 아니라 '으'로 읽어 줍니다.

j ㅈ, ㅉ
우리 고모는 '지병'이 있으시다 할 때의 '지'

jī 지

q ㅊ
'치~' 자기가 뭔데? 할 때의 '치'

qī 치

x ㅅ, ㅆ
비타민 'C' 할 때의 '씨'
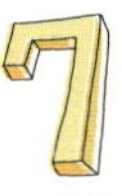
xī 시

 성모 j, q, x는 단운모 중에서 i, ü와만 결합해요. 이때, ü 위의 점은 없어져 ju, qu, xu로 쓰고, '쥐' '취' '쉬' 하고 발음해요~

zh ㅈ
혀를 말아 입천장의 볼록 나온 부분에 대고 '즈'

zhǐ 즈

ch ㅊ
혀를 말아 입천장의 볼록 나온 부분에 대고 강하게 '츠'

chī 츠

sh ㅅ
혀를 말아 입천장 볼록 나온 부분에 닿을락 말락 '스'

shí 스

r ㄹ
혀를 말아 입천장 볼록 나온 부분에 닿을락 말락 '르'
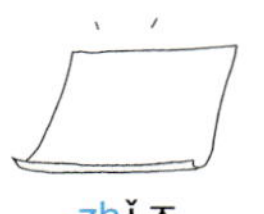
rè 르어

z ㅈ, ㅉ
'짜장면'의 '짜' 위치에서 '쯔'라고 발음

zǐnǔ 즈뉘

c ㅊ
'왈츠' 할 때의 '츠'

cí 츠

s ㅅ, ㅆ
'속이 쓰려' 할 때의 '쓰'

sì 쓰

복운모

첫째날에 기본 운모 a o e i u ü를 배웠었죠? 오늘은 기본 운모에 다른 운모들이 더해져서 생기는 복운모를 배워 봐요~

※ 우선 오른쪽 페이지까지 설명을 보며 혼자서 발음 연습을 한 후에 녹음을 들으면서 큰소리로 따라 읽어 보세요.

ai	ei	ao	ou	
아-이	에-이	아-오	오-우	
ia	ie	ua	uo	üe
이아-	이에-	우아-	우어-	위에-

ai 아-이

'a' 위에 성조를 표시하고, 'a'를 길게 읽어요.

mǎi 마-이

ei 에-이

'e' 위에 성조를 표시하고, 'e'를 길게 읽어요. 이때 'e'는 '으어'가 아니라 '에'로 읽어요.

hēi 헤-이

ao 아-오

'a' 위에 성조를 표시하고, 'a'를 길게 읽어요.

hǎo 하-오

ou 오-우

'o' 위에 성조를 표시하고, 'o'를 길게 읽어요.

kǒu 코-우

ia 이아-

'a' 위에 성조를 표시하고, 'a'를 길게 읽어요. 'ia' 앞에 다른 성모가 오지 않을 때는 'ya'로 표기합니다.

jiā 지아-

ie 이에-

'e' 위에 성조를 표시하고, 'e'를 길게 읽어요. 이때 'e'는 '에'로 발음합니다. 'ie' 앞에 다른 성모가 오지 않을 때는 'ye'로 표기합니다.

yéye 이에-예

ua 우아

'a' 위에 성조를 표시하고, 'a'를 길게 읽어요. 'ua' 앞에 다른 성모가 오지 않을 때는 'wa'로 표기합니다.

huā 후아-

uo 우어

'o' 위에 성조를 표시하고, 'o'를 길게 읽어요. 'uo' 앞에 다른 성모가 오지 않을 때는 'wo'로 표기합니다.

guò 꾸어-

üe 위에

'e' 위에 성조를 표시하고, 'e'를 길게 읽어요. 'üe' 앞에 다른 성모가 오지 않을 때는 'yue'로 표기합니다.

yuè 위에-

iao	iou	uai	uei
이아-오	이오-우	우아-이	우에-이

iao 이아-오

'a' 위에 성조를 표시하고, 'a'를 길게 읽어요. 'iao' 앞에 다른 성모가 오지 않을 때는 'yao'로 표기합니다.

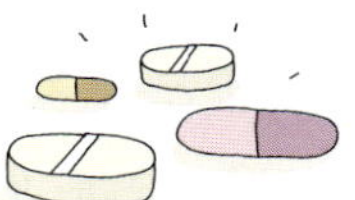
yào 이아-오

iou(iu) 이오-우

'o' 위에 성조를 표시하고, 'o'를 길게 읽어요. 'iou' 앞에 다른 성모가 오지 않을 때는 'you'로, 다른 성모가 올 때는 'o'를 생략하고 'iu'로 표기해요.

niú 니오-우

uai 우아-이

'a' 위에 성조를 표시하고, 'a'를 길게 읽어요. 'uai' 앞에 다른 성모가 오지 않을 때는 'wai'로 표기해요.

wài 우아-이

uei(ui) 우에-이

'e' 위에 성조를 표시하고, 'e'를 길게 읽어요. 'uei' 앞에 다른 성모가 오지 않을 때는 'wei'로, 다른 성모가 올 때는 'e'를 생략하고 'ui'로 표기해요.

shuǐ 수에-이

4nd day

비운모

비운모란 비음(콧소리)으로 소리나는 운모라는 뜻이에요. 자~ 이제 비운모만 배우면 중국어 장보기는 다 끝났습니다. 여러분~ 화이팅!!

※ 우선 오른쪽 페이지까지 설명을 보며 혼자서 발음 연습을 한 후에 녹음을 들으면서 큰소리로 따라 읽어 보세요.

an	ian	uan	üan
안	이엔	우안(완)	위엔
en	in	uen	ün
언	인	우언(원)	원

an 안

코에 힘주고 '안' 혀와 입천장이 닿습니다.

3 sān 싼

ian 이엔

'a'가 'i'와 'n' 사이에 있을 때는 '에'라고 읽어요. 앞에 다른 성모가 오지 않을 때는 'yan'으로 표기합니다.

liǎn 리엔

uan 우안(완)

'uan' 앞에 다른 성모가 오지 않을 때는 'wan'으로 표기합니다.

10000 wàn 완

üan 위엔

'a'가 'ü'와 'n' 사이에 있을 때는 '에'라고 읽어요. 앞에 다른 성모가 오지 않을 때는 'yuan'으로 표기합니다.

yuán 위엔

en 언

코에 힘주고 '으언(언)'

shēn 선(션)

in 인

'in' 앞에 다른 성모가 오지 않을 때는 'yin'으로 표기합니다.

yín 인

uen(un) 우언(원)

'uen' 앞에 다른 성모가 오지 않을 때는 'wen'으로 표기하고, 다른 성모가 올 때는 'e'가 생략되어 'un'으로 표기합니다.

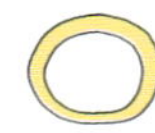
kùn 쿤

ün 원

'ün' 앞에 다른 성모가 오지 않을 때는 'yun'으로 표기합니다. 이때 입술모양은 변하지 않아요.

jūnrén 쥔런

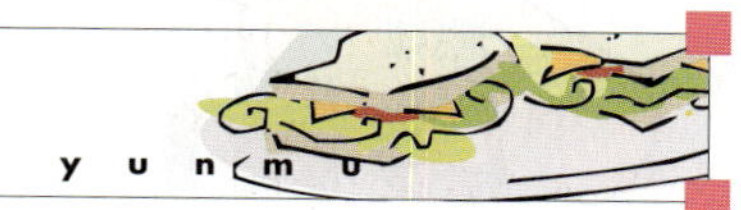

ang	iang	uang	eng
앙	양(이앙)	왕(우왕)	엉

ing	ueng	ong	iong
잉	웡(우엉)	옹	용(이옹)

ang 앙

'an' 발음과 비교
'앙팡' 할 때의 '앙'
혀와 입천장이 닿지 않습니다.

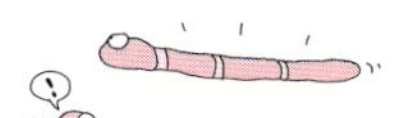
cháng 챵

iang 양(이앙)

'iang' 앞에 다른 성모가 오
지 않을 때는 'yang'으로 표
기합니다.

yáng 양

uang 왕(우왕)

'uang' 앞에 다른 성모가
오지 않을 때는 'wang'으
로 표기합니다.

huáng 황

eng 엉

'en' 발음과 비교
혀와 입천장이 닿지 않습니다.

lěng 렁

ing 잉

'in' 발음과 비교

tīng 팅

ueng 웡(우엉)

'ueng' 앞에는 다른 성모
가 오지 않아요. 그래서 항
상 'weng'으로 표기합니다.

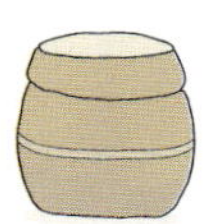
wèng 웡

ong 옹

zhōng 쫑

iong 용(이옹)

'iong' 앞에 다른 성모가 오
지 않을 때는 'yong'으로 표
기합니다.

xióng 시옹

5th day

오늘은 어제까지 배운 발음들을 연습해 봐요. 그러면 생소하던 중국어 발음들이 어느새 익숙해진답니다.

1 녹음을 듣고 알맞은 성조기호를 써 넣으세요.

(1) 

pipa

(2) 

shouji

(3) 

shubao

(4) 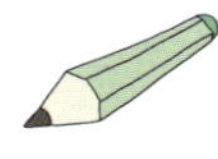

bi

(5) 

chaye

(6) 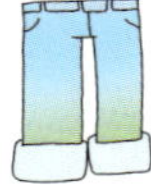

kuzi

2 녹음을 듣고 빈칸에 성모나 단운모를 채워 넣어 보세요.

(1) ___à
(2) ___ī
(3) ___ǐ
(4) ___ǔ

(5) ___è
(6) ___á
(7) ___ǔ
(8) ___ù

(9) j___
(10) p___
(11) l___
(12) x___

(13) p___
(14) l___
(15) k___
(16) t___

3 녹음을 듣고 빈칸에 운모를 채워 넣어 보세요.

(1) sh___x___
(2) j___ch___

(3) m___k___
(4) d___r___

(5) d___r___
(6) l___x___

(7) r___m___
(8) y___y___

4 녹음이 두 번 나옵니다. 첫 번째는 따라 읽고, 두 번째는 들으면서 써 보세요.

(1)

____

(2)

____

(3)

$14 = 14$

____

(4)

____

5 녹음과 일치하는 발음에 ◯표를 하세요.

(1) bà	pà	(2) pú	fú	(3) dā	tā
(4) dǔ	tǔ	(5) cá	ká	(6) cè	sè
(7) lǎonián	lǎoniáng	(8) qiézi	quézi	(9) jīguān	jīguāng
(10) bànyè	bànyuè	(11) mǎixiē	mǎixué	(12) niújiǎo	nǐjiào

6 녹음을 듣고 빈칸에 운모를 채워 넣어 보세요.

(1) m___m___　　　　(2) g___g___

(3) b___f___　　　　(4) zh___n___

(5) z___zh___　　　　(6) b___q___

(7) y___c___　　　　(8) k___q___

6th day

권설운모와 얼화, 성조변화

1 권설운모

er
어 - 얼

'권설(卷舌)'이라는 말은 '혀를 말다'란 뜻입니다. 단운모 e를 발음한 상태에서 혀를 말아올려 보세요~ 이때 혀끝이 입천장에 닿으면 안 된답니다~

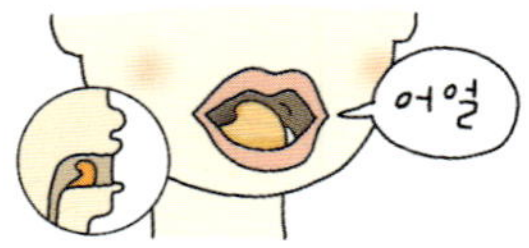

2 얼화(儿化)

권설운모 'er'이 다른 운모와 결합하는 현상을 '얼화'라고 해요.
표기는 운모 뒤에 '-r'을 붙여 주면 돼요.

huār 후아ㅡㄹ

jīr 찌ㅡ얼

3 성조변화

(1) 3성+3성 → 2성+3성

3성이 연이어 오면, 앞의 3성은 2성으로 발음해요.

연습해요!! nǐ hǎo   wǒ mǎi   gěi nǐ
          wǒ gěi nǐ   wǒ mǎi bǐ   wǒ yě hǎo

(2) 3성+1, 2, 4성 → 반3성+1, 2, 4성

3성 뒤에 1, 2, 4성이 오면, 앞의 3성은 낮게 가라 앉는 소리까지만 내요.

연습해요!! lǎoshī   hěn máng   hěn dà

※3성의 성조변화에서 성조표기는 소리나는 대로가 아니라 실제 성조로 해야 해요.

(3) '一 yī'의 성조변화

'一'는 원래 1성입니다. 하지만 뒤에 1, 2, 3성이 오면 4성으로, 4성이 오면 2성으로 바뀐답니다.

연습해요!! yì tiān   yì píng   yì diǎn   yí lù

(4) '不 bù'의 성조변화

'不'는 원래 4성입니다. 하지만 뒤에 4성이 오면 2성으로 바뀐답니다.

연습해요!! bú shì   bú ài   bú qù   bú yào

※ '一', '不'의 성조변화에서 성조표기는 소리나는 대로 하면 돼요~

뽀포모송(b p m Song)

바탕음 : ABC song

중국은..

중국은 어떤 나라일까? 중국어를 배우려고 하는 사람들이 가장 궁금해 하는 질문에 대한 대답으로 한번 알아 볼까요?

Q_1 중국어가 요즘 뜨는 이유는 뭐죠?

A_1 여러분! 중국의 인구가 몇이나 되는지 아세요? 자그마치 13억이에요. 조사된 인구만 13억이니, 잠정 인구까지 합치면 13억보다 더 많다고 할 수 있겠죠? 세계 인구가 약 65억이니, 중국의 인구는 세계 인구의 5분의 1을 차지하는 셈이고요. 그런 어마어마한 수의 사람들이 사용하는 언어가 중국어라고 한다면, 그 실용가치는 이루 말할 수 없이 크겠죠? 또, 한국의 입장에서 좀 더 구체적으로 말하자면, 중국은 한국의 1위 교역 대상국이자, 1위 수출 대상국이며, 1위 흑자 대상국이기도 합니다. 2005년말 기준으로 한국의 대중국 투자액은 신고된 것만 300억달러를 넘어섰고, 3만 8000여 개의 기업이 들어가 있다고 합니다. 어때요? 이제 왜 사람들이 "중국어, 중국어" 하는지 이해할 수 있겠죠?

▲ 중국의 국기 오성홍기(五星红旗)

◀ 중국의 휘장(国徽)

Q_2 '한자'가 두려워서 중국어 공부는 시작도 못하겠어요.

A_2 중국어 학습을 시작할까 말까 고민하는 분들 가운데는 이런 질문을 하시는 분들이 정말 많은데요, 아마도 획수도 많고 쓰는 방법도 복잡한 한자(번체자) 때문에, 골머리를 앓아 보셨기 때문에 그럴 것이라는 생각이 듭니다. 중국에서는 복잡한 한자로 인한 높은 문맹률을 낮추기 위해서, 1955년에서 1964년에 걸쳐서 2천 3백여 개의 '간체자'를 만들어 중국 대륙에서 사용(대만에서는 우리가 쓰는 '번체자'를 쓰고 있음)하고 있어요. 간체자는 간단해서 계속 보다 보면, 쉽게 암기돼요. 또 우리가 실제로 일상생활 속에서 한자어인 줄도 모르고 쓰는 말도 많기 때문에 의외로 한자 학습이 쉽답니다.

2

打招呼
인사하기

2주차 : 첫 번째 요리

벌써 일주일이 흘렀네요~ 발음은 확실히 다지셨나요? 자~ 그럼 이번주에는 중국어로 '인사하기' 요리를 만들어 보겠습니다.

기본표현 익히기

둘째주의 요리강좌가 시작되었습니다. 오늘은 '인사하기'로 대화를 나누기 위한 기본재료를 배워 보겠습니다.

🥜 **재료 1**

니　하오
你好! 안녕!
Nǐ　hǎo!

🥜 **재료 2**

니　하오　마
你好吗? 잘 지내니?
Nǐ　hǎo ma?

🥜 **재료 3**

워　헌　하오
我很好。 잘 지내.
Wǒ　hěn hǎo.

🥜 **재료 4**

짜이 지엔
再见! 잘 가!
Zàijiàn!

 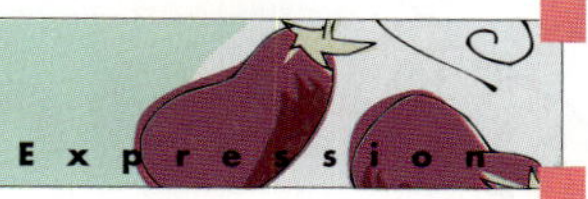

1 你好!

길을 가다가 친구를 만났을 때 "안녕!" 하고 인사를 하죠? 이때 쓰는 표현
이랍니다. "안녕!"은 "你好吗?"가 아니라 "你好!"라는 것 기억하세요~

어휘

你 nǐ | 너, 당신
好 hǎo | 안녕하다

2 你好吗?

'你好'에 '吗'가 붙었네요? 그러면 '너는 안녕하다'에 '~이니?'라는
의미가 더해지니까 결국 "잘 지내니?"라는 의미가 되겠죠?
이처럼 '吗'는 술어문 뒤에 붙어 의문문을 만들어 준답니다.^^

어휘

吗 ma | ~ 입니까?(의문
을 나타내는 조사)

3 我很好。

'很'은 뒤에 있는 '好'를 꾸며 주는 부사예요. 그럼, "잘 지내~"라고
할 때 "我好"라고 해도 되나요? 정답은 "NO!"입니다. 중국 사람들은
1음절 형용사 앞에 습관적으로 '很'을 붙여서 말해요!

어휘

我 wǒ | 나
很 hěn | 아주, 매우

4 再见!

글자대로 정확히 해석하자면 "또 봐"가 되겠지만 헤어질 때 "잘 가!",
"안녕!", "또 만나" 등등의 의미로 쓰이는 인사말이랍니다~

어휘

再 zài | 다시
见 jiàn | 만나다

2nd day

톡톡 회화

두 번째 날이에요~ 오늘은 어제 배운 기본재료를 이용해 '인사하기' 요리를
시작해 볼까요?

❶

리 쥔　　니 하오
金优美 : 李俊，你好!
　　　　Lǐ Jùn,　　nǐ hǎo!

니 하오　　이오우 메이
李 俊 : 你好，优美!
　　　　Nǐ hǎo,　　Yōuměi!

❷

니 하오 마
李 俊 : 你好吗?
　　　　Nǐ hǎo ma?

워 헌 하오　　　니 느어
金优美 : 我很好，你呢?
　　　　Wǒ hěn hǎo,　　nǐ ne?

워 예 헌 하오
李 俊 : 我也很好。
　　　　Wǒ yě hěn hǎo.

❸

짜이 지엔
金优美 : 再见!
　　　　Zàijiàn!

짜이 지엔
李 俊 : 再见!
　　　　Zàijiàn!

해석 **❶** 김유미 : 리쥔, 안녕?　　**❷** 리 쥔 : 잘 지내니?　　**❸** 김유미 : 잘 가!
　　　　리 쥔 : 안녕, 유미야!　　　　김유미 : 난 잘 지내. 너는?　　　리 쥔 : 잘 가!
　　　　　　　　　　　　　　　　　　리 쥔 : 나도 잘 지내.

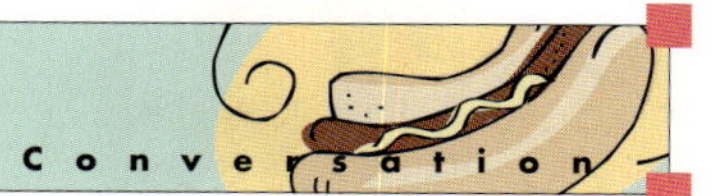

1   李俊，你好!

'你好'는 '你'라는 **주어**와 '好'라는 **술어**가 모인 문장이에요. 중국어는 이렇게 기본적으로 하나의 주어와 술어가 모여 문장을 만든답니다. 또 술어가 '好'와 같이 형용사인 문장을 '**형용사 술어문**'이라고 해요.

2   我很好，你呢?

"난 괜찮아, 너는?", "나는 자장면, 아빠**는요?**"에서와 같이 나는 어떻다고 말하고 상대방 혹은 다른 사람은 어떤지 물을 때 '呢'를 써요.

3   我也很好。

'나도', '우리도', '아빠도', '엄마도'와 같이 '~도'라는 표현은 아주 자주 쓰는 표현이죠. 이때 '也'를 쓰면 돼요.
'也'와 '很'은 둘다 부사예요. 이 둘이 함께 쓰일 때는 이 문장에서처럼 '也'가 '很' 앞에 온답니다.

어휘

呢 ne | ~는?(의문을 나타내는 조사)

어휘

也 yě | ~도

한걸음 더

사람을 가리키는 단어

나, 너, 우리, 너희 등 사람을 나타내는 단어들을 한번 알아 볼까요?

我 wǒ | 나	你 nǐ | 너	他 tā | 그	她 tā | 그녀
我们 wǒmen | 우리	你们 nǐmen | 너희	他们 tāmen | 그들	她们 tāmen | 그녀들

여러분~ 공통점을 찾아 내셨나요? 네! 바로 '们 men'이죠? '们'은 복수를 나타내는 접미사랍니다~ '们'이 붙으면 대상이 하나가 아니라 여럿임을 나타내요~~

3rd day

Listening & Writing Drill 맛 보 기

요리를 했으면 맛을 봐야죠. 오늘은 이틀 동안 배웠던 회화를 듣고, 따라하고, 쓰고, 눈으로 익혀 복습하는 시간을 갖겠습니다.

1 '3단계 속도 조절 연습(느리게 ➡ 빠르게)'을 할 거예요. 녹음 속도에 따라 읽고난 후 체크해 주세요.

(1) 안녕, 유미야!

(2) 잘 지내니?

(3) 난 잘 지내. 너는?

(4) 잘 가!

2 녹음을 듣고 중국어로 써 보세요.

(1) 빈칸 채우기를 해 보는 거예요~

① 李俊, __________ !

② 你好______?

③ 我很好, ________?

④ 我________好。

⑤ __________ !

(2) 자! 이제는 녹음을 잘 듣고 '통째 받아쓰기'를 해 보는 거예요~

① ____

② ____

③ ____

④ ____

플러스 **표현** 익히기

양 념 넣 기

지난 3일간 배운 표현으로는 뭔가 부족하다고요? 싱거우면 양념을 넣어야 죠~^^ 오늘은 인사할 때 쓰일 수 있는 표현들을 더 익혀 봐요.

● 양념 1

씨에 시에　　　부 크어 치
谢谢! / 不客气!　고맙습니다!/ 천만에요!
Xièxie!　　　Búkèqi!

> **谢** xiè 감사하다
> "谢谢!"는 한 번쯤은 들어 본 적이 있죠? 이에 대한 대답은 바로 "不客气!"랍니다. 가장 기본적인 표현이니 꼭 외워 두세요!

● 양념 2

뚜에이 부 치　　　메이 꽌 시　　　메이 　 셜
对不起! / 没关系! = 没事儿!
Duìbuqǐ!　　　Méiguānxi!　　　Méishìr!

미안합니다. / 괜찮아요!

> 상대방의 발을 밟았을 때, 무심코 툭 치고 지나갔을 때 "对不起"라고 말해 보세요~ 대답할 때는 "没关系" 혹은 "没事儿" 둘 다 자주 쓰여요.

● 양념 3

니 망 마
你忙吗?　바쁘십니까?
Nǐ　máng ma?

> **忙** máng 바쁘다
> 첫째날에 배운 '吗' 생각나시죠? '~이니?'라는 의미로 의문문을 만들어 준다고 했죠? 이 문장에서도 '너는 바쁘다'에 '~이니?'가 붙었으니 '바쁘니?'란 뜻이 되겠지요?

● 양념 4

워 뿌 망
我不忙。　바쁘지 않습니다.
Wǒ　bù　máng.

> **不** bù ~이 아니다, ~하지 않다
> 부정을 할 때는 술어 앞에 '不'를 쓴답니다~ '바쁘다'라는 말 앞에 '不'가 왔으니 '바쁘지 않다'라는 말이 되겠네요~~

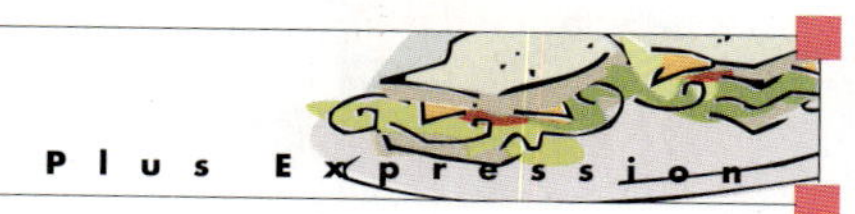

녹음을 따라하며 교체연습을 해 볼까요?

1

你	好!
你们	
老师	

안녕하세요?

여러분, 안녕하세요?

선생님, 안녕하세요?

2

我	很好,	你	呢?
他们		你们	
我爸爸		你爸爸	
我妈妈		你妈妈	

난 잘 지내. 너는?

그들은 잘 지내. 너희들은?

우리 아버지는 잘 지내셔. 너희 아버지는?

우리 어머니는 잘 지내셔. 너희 어머니는?

3

你	忙	吗?
	饿	
	累	
	渴	

바쁘세요?

배고프세요?

피곤하세요?

목마르세요?

4

| 我 | 很 | 忙。 |
| | 不 | |

바빠요.

바쁘지 않아요.

老师 lǎoshī 선생님 | **爸爸** bàba 아빠 | **妈妈** māma 엄마 | **饿** è 배고프다 | **累** lèi 피곤하다 | **渴** kě 목마르다

자~ 오늘은 양념들이 재료에 쏙쏙 잘 배어들었는지 간을 보듯 함께 문제들을 풀어 볼까요?

1 나도 만화가 ~ 만화의 빈칸에 적당한 표현을 넣어 스토리를 완성해 보세요 ~

A : 죄송합니다.
B : 괜찮습니다.

A : 선생님, 안녕하세요?
B : 안녕?

B : 아버지는 잘 계시냐?
A : 아버지께서는 잘 지내세요.

B : 잘 가거라!
A : 안녕히 가세요!

2 녹음을 두 번 듣고, 알맞은 대답을 골라 보세요.

(1) ① 你好!　　② 没事儿!　　③ 我也很好。　　④ 不客气!

(2) ① 你呢?　　② 我很好。　　③ 没关系!　　④ 老师好!

3 주어진 어휘를 재배치하여 문장을 만들고, 멋있게 해석하세요~

(1) 很 / 我 / 也 / 。 / 好

해석

------

(2) 不 / 我 / 。 / 忙

해석

------

4 다음 그림에 해당하는 단어를 찾아 잇고, 발음을 써 넣으세요.

(1) (2) (3) (4)

① 再见 ② 老师 ③ 谢谢 ④ 爸爸

______ ______ ______ ______

간체자 쓰기

후식으로 커피 한 잔

好
〈 乀 乆 妁 好 好

好 好 好 好

hǎo

见
丨 冂 彐 见

见 见 见 见

見 · jiàn

吗
丨 冂 冂 叮 吗 吗

吗 吗 吗 吗

嗎 · ma

谢
讠 讠 讠 讠 讠 讠 谢 谢

谢 谢 谢 谢

謝 · xiè

气
丿 匸 气 气

气 气 气 气

氣 · qì

对
丆 又 对 对 对

对 对 对 对

對 · duì

关
丶 丷 兰 兰 关 关

关 关 关 关

關 · guān

系
一 ㇇ 至 玄 系 系 系

系 系 系 系

係 · xì

你好!

바탕음 : London bridge

🥕 가사를 **바꿔** 불러요 ~

谢谢　谢谢　优美　谢谢　不客气　不客气
李俊　李俊　对不起　没事儿　没事儿

중국인? "만만디!"

외국 사람들에게 "한국 사람 하면 가장 먼저 생각나는 게 뭐예요?"라고 물으면 "빨리빨리!"라고 한답니다. 외국인들에게 보여지는 한 가지 모습으로도 그 나라의 국민성을 알 수 있는 예라고 할 수 있죠.

마찬가지로 중국 사람 하면 가장 먼저 생각나는 게 바로 '만만디!'예요. '만만디'가 뭐냐고요? '만만디'라는 말은 바로 중국어의 '慢慢地 mànmànde'에서 왔답니다~ '慢'은 '천천히'라는 뜻이거든요. 우리가 항상 "빨리빨리!!"라고 외쳐댈 때 중국인들은 "천천히, 천천히~"라고 말하고 있어요.

흔히 말하는 대륙적 기질에서 오는 느긋함 혹은 여유로움 때문인지 어떤 일이 있어도 절대 서두르지 않고 천천히 생각하고 행동하며 결정하는 것이 중국 사람들의 가장 큰 특성이라고 할 수 있답니다.

▲ 공사장에서 여유롭게 일하는 중국인 노동자

그러나 실제로 중국에서 사업을 하시는 분들은 이 '만만디' 때문에 상당히 괴로울 때도 있다고 하네요.

우리나라 사람들이 "납기일은 지켜야 한다", "계절상품이라 이 시점에 상품이 나오지 않으면 큰일 난다" 하며 다그치면, 중국 사람들은 "別着急! Bié zháojí!(서두르지 마세요)", "慢慢地!" 하며 납기일이 코앞이라 해도 느긋하게 일한답니다. 그럴 때면 도대체가 중국인은 알 수 없는 민족이라며 혀를 내두르는 사람들도 있지만 말예요~^^

우리나라와 중국은 떼려야 뗄 수 없는 관계에 있습니다. 21세기, 서로가 외쳐대는 "빨리 빨리!!"와 "만만디!"를 적절하게 받아들이면, 양국이 너무 서두르지도, 너무 느슨하지도 않은 적절한 특성을 두루 갖출 수 있게 되지 않을까 하는 생각을 해 봅니다.

3

问姓名
이름 묻기

3주차 : 두 번째 요리

벌써 세 번째 주가 왔어요~ '니하오'하고 인사하는 게 익숙해지셨나요? 이번주에 도전할 두 번째 요리는 처음 만나는 사람에게 이름을 묻는 표현입니다.

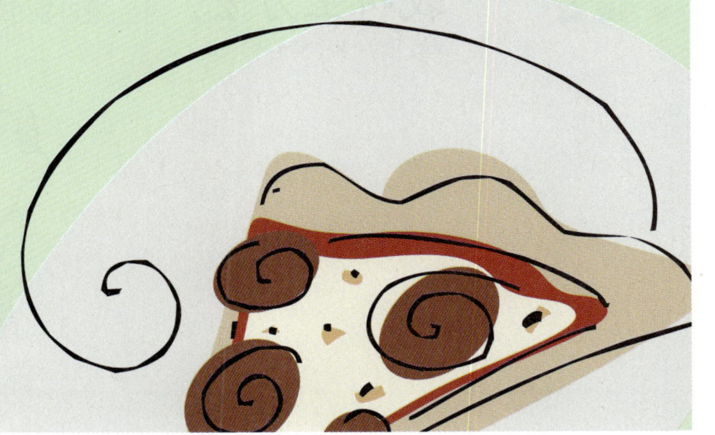

기본표현 익히기

재 료 준 비

셋째주의 요리강좌가 시작되었습니다. 오늘은 '이름 묻기'로 대화를 나누기 위한 기본재료를 배워 보겠습니다.

🥕 **재료 1**

칭 원
请问。 말씀 좀 묻겠습니다.
Qǐng wèn.

🥕 **재료 2**

닌 꾸에이 싱
您贵姓？ 성이 어떻게 되십니까?
Nín guìxìng?

🥕 **재료 3**

워 씽 찐
我姓金。 김 씨입니다.
Wǒ xìng Jīn.

🥕 **재료 4**

워 찌아오 왕 리 홍
我叫王力宏。 저는 왕리홍이라고 합니다.
Wǒ jiào Wáng Lìhóng.

 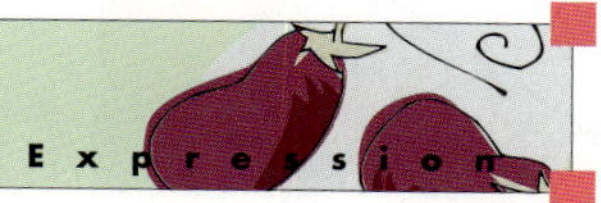

E x p r e s s i o n

1 请问。

처음 만나는 사람에게 무언가를 물을 때 무슨 말을 해야 할지 몰라서 "对不起!"라고 하는 걸 종종 봤어요. 하지만 중국 사람들은 이때 "请问"이라고 먼저 말한답니다.

어휘

请 qǐng | 상대방에게 어떤 일을 부탁하거나 권할 때 쓰는 경어
问 wèn | 묻다

2 您贵姓?

중국인들은 일반적으로 통성명을 할 때, 먼저 성을 물어요. "이름이 뭐예요?" 하고 바로 물으면 예의가 아니라고 생각하거든요. 대답할 때는 성을 먼저 말하고, 이름을 말하면 돼요.

어휘

您 nín | 당신('你'의 높임말)
贵姓 guìxìng | 성씨

3 我姓金。

"您贵姓?"이라는 질문에 대한 대답이죠. "이 씨입니다", "박 씨입니다" 등등 자신의 성을 넣어서 대답하면 되겠죠?

어휘

姓 xìng | 성이 ~이다

4 我叫王力宏。

'저는 ~라고 합니다'라고 할 때는 「我叫+이름」 형식을 써요. 인기리에 방영되었던 TV드라마 "내 이름은 김삼순" 기억하시죠? '叫'만 있으면 중국어 제목을 만들 수 있답니다. 이름 부분에 본인의 이름을 넣어서 자기소개를 해 보세요~

어휘

叫 jiào | (이름을) ~라고 하다

예 我　　叫　　　金三顺
Wǒ　jiào　Jīn Sānshùn
나　~라고 부르다　김삼순 → 저는 김삼순이라고 합니다.(내 이름은 김삼순)

톡톡회화

유미가 리쥔에게 소개받은 왕리홍을 처음 만났네요~ 둘 사이에 어떤 대화가 오가는지 볼까요?

칭 원　닌 꾸에이 싱

王力宏 : 请问, 您贵姓?
Qǐngwèn, nín guìxìng?

워 씽 찐　찌아오 찐 여우 메이

金优美 : 我姓金, 叫金优美。
Wǒ xìng Jīn, jiào Jīn Yōuměi.

워 찌아오 왕 리 홍　런 스 닌　워 헌 까오 싱

王力宏 : 我叫王力宏。认识您, 我很高兴。
Wǒ jiào Wáng Lìhóng. Rènshi nín, wǒ hěn gāoxìng.

런 스 닌　워 예 헌 까오 싱

金优美 : 认识您, 我也很高兴。
Rènshi nín, wǒ yě hěn gāoxìng.

해석　왕리홍 : 말씀 좀 물을게요. 성함이 어떻게 되시죠?
김유미 : 제 성은 김 씨이고, 김유미라고 해요.
왕리홍 : 저는 왕리홍이라고 해요. 만나서 반가워요.
김유미 : 저도 만나서 반가워요.

1 我叫王力宏。

이 문장을 자세히 파헤쳐 봅시다 ~

我　　　叫　　王力宏。
　　　　동사　　목적어
주어　　　　술어

우리말에서는 "나는 밥을 먹는다"처럼 목적어가 동사 앞에 오지만, 중국어에서는 위의 문장과 같이 목적어가 동사 뒤에 와요. 중국어 문장을 말할 때는 주어를 말하고 나서 무조건 동사를 먼저 말하세요~

또, 동사가 문장의 술어인 문장을 '**동사술어문**'이라고 해요. 지난 주에 배웠던 '你好!'와 같이 형용사가 술어가 되는 문장을 뭐라고 했었죠? 빙고!! '형용사술어문'이죠?

2 认识您，我也很高兴。

직역하자면 '당신을(您) 알게 되어(认识) 저(我)도(也) 매우(很) 기뻐요(高兴)'라는 뜻이에요~ 새로운 사람을 알게 되었을 때, 우리가 흔히 하는 "반갑습니다" 정도의 말이에요~^^

어휘

认识 rènshi | 알다, 알게 되다

高兴 gāoxìng | 기쁘다

한걸음 더

사물을 가리키는 단어들

이것, 저것, 그것 등 사물을 가리킬 때는 어떤 표현을 쓸까요?

这 zhè	이(것)	**这个** zhège/zhèige	이(것)	**这儿** zhèr	여기, 이곳
那 nà	저(것), 그(것)	**那个** nàge/nèige	저(것)	**那儿** nàr	저기, 거기, 저곳, 그곳

너무 많다고요? 그럼 '这'와 '那'의 의미만 파악하고 넘어가세요~ '这'는 나와 가까이 있는 것을 가리킬 때, '那'는 나에게서 멀리 떨어진 것을 가리킬 때 쓰인다는 것!!

Listening & Writing Drill 

요리를 했으면 맛을 봐야죠. 오늘은 이틀간 배웠던 회화를 듣고, 따라하고,
쓰고, 눈으로 익혀 복습하는 시간을 갖겠습니다.

---

1 '3단계 속도 조절 연습(느리게 ➡ 빠르게)'을 할 거예요. 녹음 속도에 따라 읽고난 후
체크해 주세요.

(1) 말씀 좀 묻겠습니다.

(2) 성이 어떻게 되세요?

(3) 제 성은 김이고, 김유미라고 해요.

(4) 만나서 반갑습니다.

2 녹음을 듣고 중국어로 써 보세요.

(1) 빈칸 채우기를 해 보는 거예요 ~

① _________，您贵姓？

② 我＿＿＿金，＿＿＿金优美。

③ ＿＿＿＿王力宏。

④ ＿＿＿＿您，我很高兴。

(2) 자! 이제는 녹음을 잘 듣고 '통째 받아쓰기'를 해 보는 거예요 ~

①

②

③

④

플러스 **표현** 익히기

양 념 넣 기

오늘은 처음 만났을 때 할 수 있는 표현들을 추가로 배우고, 또 사물을
가리키며 물어 보는 표현도 익혀 보겠습니다~

● 양념 **1**

츄 츠 찌엔 미엔　　칭 뚜어 꽌 쟈오

初次见面, 请多关照。 처음 뵙겠습니다. 잘 부탁 드립니다.

Chūcì　jiàn miàn,　qǐng duō guānzhào.

▌ **初次** chūcì 처음 ｜ **见面** jiàn miàn 만나다 ｜ **多** duō 많다 ｜ **关照** guānzhào 돌보다
▌ '많이(多) 돌봐 주세요(关照)'는 즉 '잘 부탁 드립니다'란 의미가 되겠죠?

● 양념 **2**

니 찌아오 션 머 밍 즈

你叫什么名字? 이름이 뭐예요?

Nǐ　jiào　shénme　míngzi?

▌ **什么** shénme 무슨, 무엇 ｜ **名字** míngzi 이름
▌ 의문사 '什么'를 써서 이름이 뭔지 묻는 표현이에요. 의문사 '什么'가 쓰였으니 의문을 나타내는 '吗'가
없어도 의문문이 된답니다. 대답은 어제 배운 표현 '我叫○○○'로 하면 돼요.

● 양념 **3**

쩌 스 션 머

这是什么? 이것은 무엇입니까?

Zhè shì shénme?

▌ **是** shì ~이다
▌ '是'는 영어의 'be동사'와 같아요~ 부정형은 '不是(bú shì · ~이 아니다)'랍니다.

● 양념 **4**

쩌 스 워 더 치엔 비

这是我的铅笔。 이것은 제 연필입니다.

Zhè shì　wǒ de　qiānbǐ.

▌ **的** de ~의 ｜ **铅笔** qiānbǐ 연필
▌ '나의 책', '친구의 연필'에서와 같이 '~의'로 해석될 수 있는 소유관계를 나타낼 때 반드시 '的'를 써
요. 하지만 '내 친구', '내 동생'에서처럼 친구나 친척을 수식할 때는 '的'를 쓰지 않아요! 교체연습을
하며 잘 익혀 두세요~~

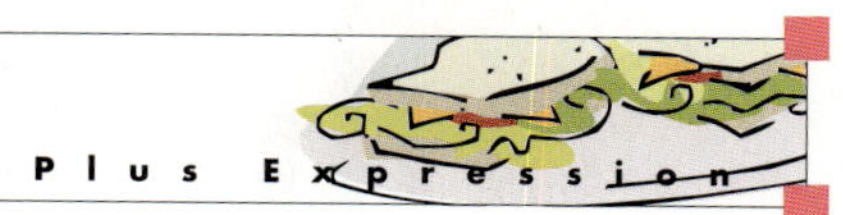

🥕 녹음을 따라하며 교체연습을 해 볼까요?

1

A : 您贵姓？ 당신의 성은 무엇입니까?

B : 我姓 金 。 저는 김 씨입니다.
李 Lǐ 저는 이 씨입니다.

2

A : 你叫什么名字？ 이름이 뭐예요?

B : 我叫 金正玉 Jīn Zhèngyù 。 내 이름은 김정옥이야.
李在根 Lǐ Zàigēn 내 이름은 이재근이야.

3

A : 这 是什么？ 이것은 무엇입니까?
那 저것은 무엇입니까?

B : 这 是 苹果 。 이것은(저것은) 사과입니다.
那 电脑 이것은(저것은) 컴퓨터입니다.
我的铅笔 이것은(저것은) 제 연필입니다.
我的手机 이것은(저것은) 제 휴대전화입니다.

4

A : 你是 学生 吗？ 당신은 학생입니까?
他妹妹 당신은 그의 여동생입니까?

B : 是 , 我是 学生 。 네, 저는 학생입니다.
他妹妹 네, 저는 그의 여동생입니다.
不是 公司职员 아니오, 저는 회사원입니다.
他姐姐 아니오, 저는 그의 누나입니다.

苹果 píngguǒ 사과 | **电脑** diànnǎo 컴퓨터 | **手机** shǒujī 휴대전화 | **学生** xuésheng 학생 | **妹妹** mèimei 여동생
| **公司职员** gōngsī zhíyuán 회사원 | **姐姐** jiějie 언니 또는 누나

자~ 오늘은 양념들이 재료에 쏙쏙 잘 배어들었는지 간을 보듯 함께 문제들을 풀어 볼까요?

1 나도 만화가 ~ 만화의 빈칸에 적당한 표현을 넣어 스토리를 완성해 보세요 ~

A : 안녕하세요?
저는 원 씨이고, 원빈이라고 해요.

B : 안녕하세요?
저는 김희선이라고 해요.

A : 저는 학생이에요. 당신은요?

B : 저도 학생이에요.
A : 당신을 알게 되서 기뻐요.

2 녹음을 두 번 듣고, 알맞은 대답을 골라 보세요.

(1) ① 我是学生。　② 我姓金。　③ 我叫优美。　④ 请多关照。

(2) ① 她是老师。　　　　　② 认识你，我很高兴。

　　③ 不是，她是我姐姐。　④ 妹妹很忙。

3 주어진 어휘를 재배치하여 문장을 만들고, 멋있게 해석하세요 ~

(1) 姓 / , / 金优美 / 金 / 叫 / 我 / 。

해석

(2) 是 / 我 / 。 / 不 / 老师

해석

4 그림 아래에 제시된 설명과 일치하면 ○, 일치하지 않으면 ×를 표시하세요.

(1)

她叫金喜善。
(　)

(2)

这是电脑。
(　)

(3)

他不是老师。
(　)

(4)

妹妹是学生。
(　)

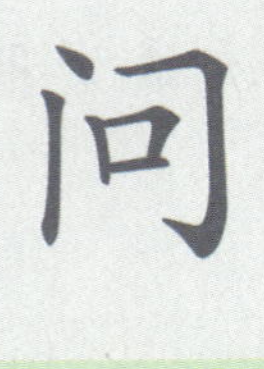

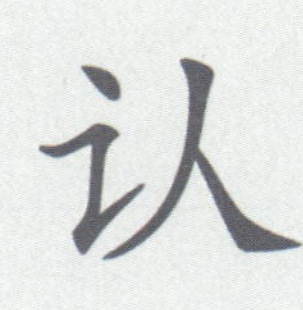

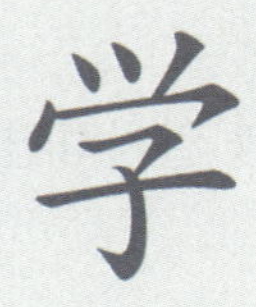

请　`　ì　讠　讠　请　请　请　请
请	请	请	请

請 · qǐng

问　`　门　门　问　问　问
问	问	问	问

問 · wèn

贵　`　口　中　中　串　弗　贵　贵
贵	贵	贵	贵

貴 · guì

认　`　讠　认　认
认	认	认	认

認 · rèn

识　`　讠　讠　识　识　识
识	识	识	识

識 · shí

学　`　`　`　`　`　学　学　学　学
学	学	学	学

學 · xué

兴　`　`　`　`　兴　兴
兴	兴	兴	兴

興 · xīng, xìng

员　`　口　口　尸　吊　员　员
员	员	员	员

員 · yuán

您贵姓?

바탕음 : Finger family

🥕 가사를 **바꿔** 불러요 ~

你叫什么名字　叫什么名字
王力宏　王力宏　叫王力宏

중국의 설날– 춘제(春节)

▲ 가장 보편적으로 퍼져 있는 니엔화–《老鼠娶亲》

우리나라 최대의 명절인 설날과 중국 최대의 명절인 '춘제'는 날짜가 같답니다. 바로 음력 1월 1일인데요, 우리나라에서는 설 전후로 연휴가 3일인 반면 중국에서는 일주일을 쉰답니다.

설이 되면 귀성차량으로 고속도로가 항상 정체되곤 하듯, 중국도 춘제 연휴에는 도시에서 고향으로 돌아가려는 사람들로 역과 터미널이 인산인해를 이룬다고 해요.

중국인들은 외부인들이 나쁜 기운을 가지고 온다고 해서 방문을 경계하기도 하지만 이 쌤은 두 번이나 중국인 가정에서 춘제를 보냈답니다.

춘제가 다가오면 중국 사람들은 문이나 벽에 '춘련(春联)'을 붙이거나 거실이나 침실에 '니엔화(年画)'를 붙여요.

중국인들에게 가장 보편적으로 퍼져 있는 니엔화는 《老鼠娶亲 lǎoshǔ qǔqīn 생쥐가 장가가네》입니다. 이 그림은 생쥐가 인간의 풍속에 따라 신부를 맞이하는 재미있는 장면을 묘사한 것인데, 구도가 생동감 있고, 굉장히 익살스럽게 표현되어 있어서, 성인들에게도 흥미를 줄 뿐만 아니라, 아이들에게도 강렬한 예술적 감화를 준다고 해요.

중국인들이 '除夕 Chúxī'라고 부르는 섣달 그믐날이 생쥐가 신부를 맞이하는 길일 중에 길일이라고 알려져 있기 때문에, 사람들은 먹을거리를 침대 밑에나 등잔대에 두어 생쥐 신랑에게 주는 선물로 삼았대요. 여기에는 곧 다가오는 해에 곡식이 풍부하기를 바라는 염원도 담겨 있답니다. 중국 할머니들은 종종 잠들기 전의 아이들에게 "신발을 빨리 숨겨 놓아야지, 생쥐가 꽃가마 삼으려고 가져가지 못하게!"라고 놀리기도 한다고 합니다.

4

点菜

주문하기

4주차 : 세 번째 요리

지난 두 주 동안 배운 표현으로 멋지고 예쁜 중국인 친구를 사귀셨나요? 이번주에는 음식을 주문할 때 자주 하는 표현을 배워 볼까요?

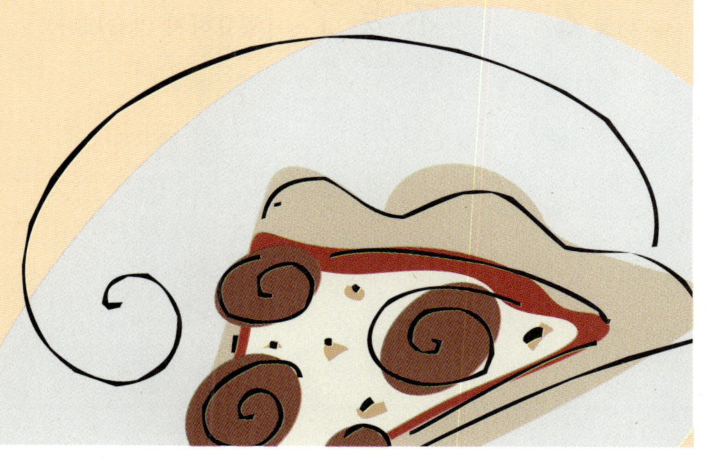

기본표현 익히기

넷째주의 요리강좌가 시작되었습니다. 오늘은 '주문하기'로 대화를 나누기
위한 기본재료를 배워 보겠습니다.

재료 1

닌 야오 션 머
您要什么？ 무엇이 필요하십니까?
Nín yào shénme?

재료 2

워 야오 지 스 한 바오
我要吉士汉堡。 치즈햄버거 주세요.
Wǒ yào jíshì hànbǎo.

재료 3

하이 야오 션 머
还要什么？ 무엇이 더 필요하십니까?
Hái yào shénme?

재료 4

부 야오 러
不要了。 필요하지 않습니다.
Bú yào le.

---

1 您要什么?

패스트푸드점이나 식당, 시장, 상점 같은 곳엘 가면 늘상 들리는 표현입니다. 직역하면 '당신은(您) 무엇이(什么) 필요합니까(要)?'라는 의미가 돼요.

> **어휘**
> 要 yào ｜ 필요하다, 원하다

2 我要吉士汉堡。

'要'를 원하는 사물 앞에 붙이면 그 사물을 원하다라는 의미가 돼요. 주문을 할 때, 물건을 살 때 두루두루 쓰인답니다. 이성친구에게 갖고 싶은 것을 말해 보세요~ "我要○○ !! "

> **어휘**
> 吉士 jíshì ｜ 치즈
> 汉堡 hànbǎo ｜ 햄버거

3 还要什么?

'还'는 여러 가지 의미가 있지만 이 문장에서는 '또', '더'라는 의미로 쓰여요. '무엇이(什么) 더(还) 필요하세요(要)?'는 곧 "더 필요한 거 없수?"란 뜻이겠죠?

> **어휘**
> 还 hái ｜ 또, 더

4 不要了。

시킬 게 더 없을 때 하는 말이에요. '要' 앞에 부정을 나타내는 '不'를 붙이면 '필요하지 않다'라는 의미가 돼요. 시킬 게 더 없으니 상황의 변화를 나타내는 '了'를 끝에 붙인 것이랍니다.

> **어휘**
> 了 le ｜ 상황의 변화를 나타내는 조사

톡톡회화

요리하기

유미가 패스트푸드점에서 햄버거 주문을 하고 있어요. 우리가 자주 이용하는 이곳에서는 어떤 대화를 할 수 있을까요?

服务员 :
환 잉 꽝 린　　닌 야오 션 머
欢迎光临, 您要什么？
Huānyíng guānglín,　nín yào shénme?

金优美 :
워 야오 이 거 지 스 한 바오 허 이 뻬이 커 러
我要一个吉士汉堡和一杯可乐。
Wǒ yào yí ge jíshì hànbǎo hé yì bēi kělè.

服务员 :
하이 야오 션 머
还要什么？
Hái yào shénme?

金优美 :
부 야오 러
不要了。
Bú yào le.

해석

종업원 : 어서오세요! 무엇을 주문하시겠습니까?

김유미 : 치즈햄버거 하나와 콜라 한 잔 주세요.

종업원 : 더 필요하신 건 없으세요?

김유미 : 없어요.

1 欢迎光临

'왕림하신 걸(光临) 환영합니다(欢迎)'라고 직역할 수 있어요. 이 말은 "어서오세요!"와 같이 식당에 들어가면 종업원들이 의례적으로 하는 인사말입니다.

어휘

欢迎 huānyíng | 환영하다
光临 guānglín | 왕림하다

2 我要一个吉士汉堡和一杯可乐。

"김치찌개 한 **개**랑 소주 두 **병**이요~"에서 '개', '병'과 같이 사물을 세는 말을 '양사(量詞)'라고 해요. 중국어에서는 「물건의 개수+양사+명사」 순서로 사물의 수를 표현해요.

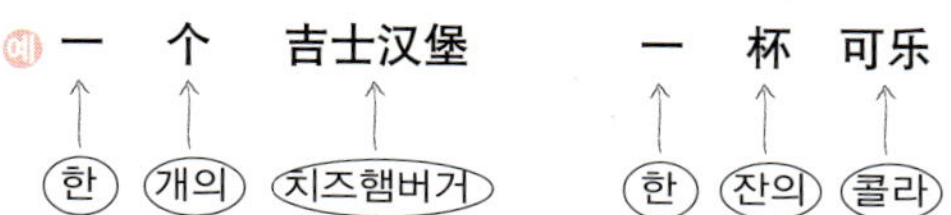

어휘

一 yī | 1, 하나
个 ge | 개(사물을 세는 양사)
和 hé | ~와
杯 bēi | 잔(컵과 같은 잔을 세는 양사)
可乐 kělè | 콜라

한걸음 더

중국어로 숫자 말하기

0	1	2	3	4	5	6
零	一	二	三	四	五	六
líng	yī	èr	sān	sì	wǔ	liù

7	8	9	10	100	1000	10000
七	八	九	十	百	千	万
qī	bā	jiǔ	shí	bǎi	qiān	wàn

❶ 숫자 읽는 법은 우리나라와 비슷해요.

❷ 11 ⇨ 十一 shíyī   25 ⇨ 二十五 èrshíwǔ   120 ⇨ 一百二十 yìbǎi èrshí

단, 2는 양사 앞에서 단독으로 쓰일 때는 '二' 대신 '两 liǎng'을 써요.

예 两个汉堡(햄버거 두 개)   两个苹果(사과 두 개)   十二杯可乐(콜라 열 두잔)

Listening & Writing Drill 

듣고 쓰는 연습은 외국어의 기본이랍니다. 자, 우리 함께 기본을 잘 쌓아 보자고요~ 모두 홧팅!!

1 '3단계 속도 조절 연습(느리게 ➡ 빠르게)'을 할 거예요. 녹음 속도에 따라 읽고난 후 체크해 주세요.

(1) 어서오세요!

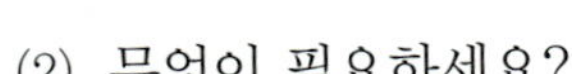

(2) 무엇이 필요하세요?

(3) 치즈햄버거 하나와 콜라 한 잔 주세요.

(4) 더 필요하신 건 없으세요?

2 녹음을 듣고 중국어로 써 보세요.

(1) 빈칸 채우기를 해 보는 거예요~

① ___________, 您____什么?

② 我____一____吉士汉堡____一____可乐。

③ ______什么?

④ ______了。

(2) 자! 이제는 녹음을 잘 듣고 '통째 받아쓰기'를 해 보는 거예요~

① ________________________________

② ________________________________

③ ________________________________

④ ________________________________

플러스 **표현** 익히기

'주문하기'에서 배운 표현들로 만든 요리를 더욱 맛있게 하는 갖가지
양념을 한번 뿌려 볼까요?

● 양념 **1**

칭 디엔 차이
请点菜。 주문하세요.
Qǐng diǎn cài.

▎ **点** diǎn 시키다, 주문하다 ▎ **菜** cài 요리

● 양념 **2**

라이 이 거 찡 지앙 러우 쓰 허 량 완 미 판
来一个京酱肉丝和两碗米饭。
Lái yí ge   jīngjiàng ròusī   hé liǎng wǎn mǐfàn.

찡쟝러우쓰 하나랑 밥 두 그릇 주세요.

▎ **来** lái ~하다 ▎ **京酱肉丝** jīngjiàng ròusī 찡쟝러우쓰(돼지고기 춘장볶음) ▎
碗 wǎn 그릇(그릇을 세는 양사) ▎ **米饭** mǐfàn 쌀밥
식당에서 주문할 때는 요리 앞에 '来'를 붙여 표현해요. '来'는 '오다'라는 뜻의 동사지만 구체적인 동
사를 대신해서 사용하거든요. 여기서는 '~을 가져다 주세요', '~을 주문할게요'라는 의미로 쓰여요.

● 양념 **3**

짜이 라이 이 핑 커 러
再来一瓶可乐。 콜라 한 병 더 주세요.
Zài lái yì píng kělè.

▎ **再** zài 다시 ▎ **瓶** píng 병(병류를 세는 양사)
"공기밥 하나 더 주세요"라고 할 때 그 '더'가 바로 '再'입니다. 이미 콜라를 시킨 상태인데 '다시' 추
가를 하는 것이니까 '再'를 쓰는 거죠~

● 양념 **4**

칭 게이 워 차이 딴
请给我菜单。 메뉴판 주세요.
Qǐng gěi wǒ càidān.

▎ **给** gěi 주다 ▎ **菜单** càidān 메뉴판
'给'가 동사로 쓰일 때에는 뒤에 목적어가 두 개 온답니다. 이때는 '~(목적어1)에게 ~(목적어2)를 주
다'라고 해석할 수 있어요. 여기선 '我'가 목적어1, '菜单'이 목적어2가 되겠죠?

🥕 **녹음을 따라하며 교체연습을 해 볼까요?**

1 我要两 │ 盒牛奶 │ 和一 │ 个面包 │ 。

　　　　　 瓶啤酒　　　　　 听汽水

　　　　　 枝圆珠笔　　　　 本书

우유 두 팩과 빵 한 개 주세요.

맥주 두 병과 캔사이다 하나 주세요.

볼펜 두 자루와 책 한 권 주세요.

2 A : 请点菜。

주문하세요.

　　 B : 来 │ 一个宫保鸡丁 │ 和 │ 半斤水饺 │ 。

　　　　　 四个鸡蛋炒饭　　　 一个玉米羹

닭고기 땅콩볶음 하나랑 물만두 반 근 주세요.

계란볶음밥 네 개랑 옥수수수프 하나 주세요.

3 请给我 │ 菜单 │ 。

　　　　　 筷子

　　　　　 汤匙

메뉴판 좀 주세요.

젓가락 좀 주세요.

숟가락 좀 주세요.

盒 hé 우유팩을 세는 양사 │ **牛奶** niúnǎi 우유 │ **面包** miànbāo 빵 │ **啤酒** píjiǔ 맥주 │ **听** tīng 캔(캔류를 세는 양사) │ **汽水** qìshuǐ 사이다 │ **枝** zhī 자루, 대(필기구를 세는 양사) │ **圆珠笔** yuánzhūbǐ 볼펜 │ **本** běn 권(도서를 세는 양사) │ **书** shū 책 │ **宫保鸡丁** gōngbǎo jīdīng 닭고기 땅콩볶음 │ **半** bàn 반 │ **斤** jīn 근(500g) │ **水饺** shuǐjiǎo 물만두 │ **鸡蛋炒饭** jīdàn chǎofàn 계란볶음밥 │ **玉米羹** yùmǐgēng 옥수수수프 │ **筷子** kuàizi 젓가락 │ **汤匙** tāngchí 중국식 국숟가락

종합연습문제

자~ 오늘은 양념들이 재료에 쏙쏙 잘 배어들었는지 간을 보듯 함께 문제들을 풀어 볼까요?

1

나도 만화가 ~ 만화의 빈칸에 적당한 표현을 넣어 스토리를 완성해 보세요 ~

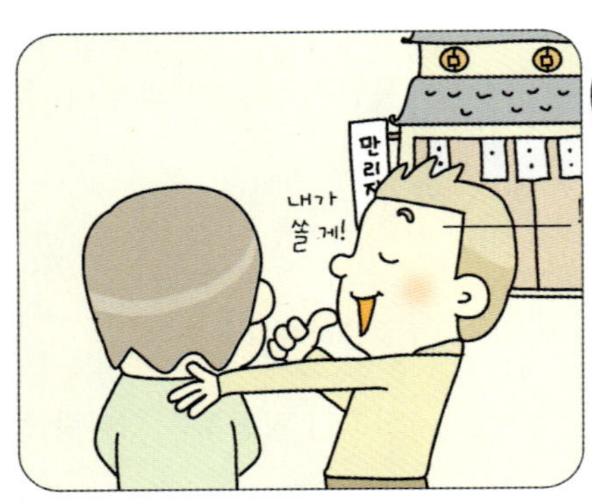

A : 주문하세요.
B : 계란볶음밥 하나 주세요.

A : 더 필요한 건 없으세요?

C : 또…
B : 필요하지 않아요!

2

녹음을 두 번 듣고 알맞은 대답을 골라 보세요.

(1) ① 给我菜单。　　② 来一个宫保鸡丁。
　　③ 欢迎光临。　　④ 还要什么？

(2) ① 我不饿。　② 请点菜。　③ 还要一瓶可乐。　④ 欢迎光临。

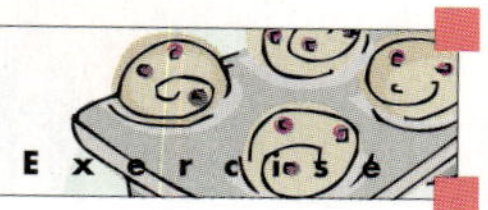

3 주어진 어휘를 재배치하여 문장을 만들고, 멋있게 해석하세요 ~

(1) 三 / 米饭 / 我 / 碗 / 要 / 。

해석

---

(2) 给 / 请 / 。 / 菜单 / 我

해석

---

4 다음 그림을 보고 알맞은 양사를 찾아 써 보세요.

제시어	本	杯	瓶	碗	个

[예]

(两)(盒)牛奶

(1)

(　)(　)啤酒

(2)

(　)(　)米饭

(3)

(　)(　)汽水

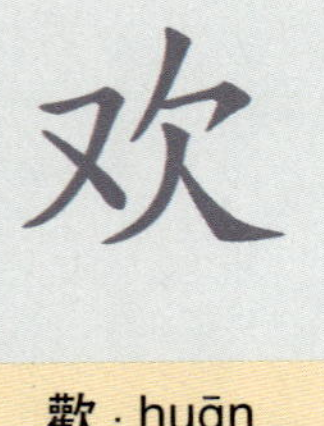

欢　歡 · huān

ㄱ ㄡ ㄡ 欢 欢 欢

欢　欢　欢　欢

什　甚 · shén

ノ イ 仁 什

什　什　什　什

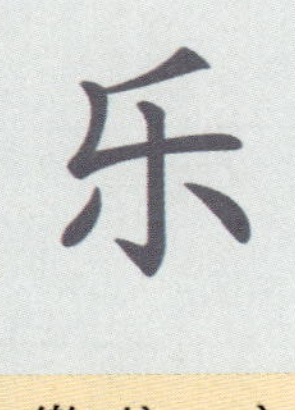

乐　樂 · lè, yuè

一 レ 牙 乐 乐

乐　乐　乐　乐

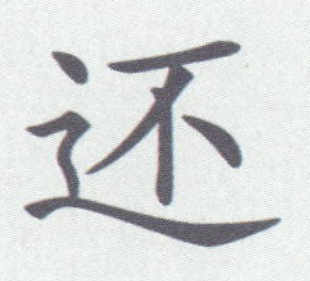

还　還 · hái, huán

一 フ ォ 不 不 还 还

还　还　还　还

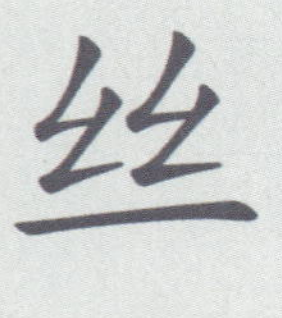

丝　絲 · sī

ㄥ ㄥ 幺 丝 丝

丝　丝　丝　丝

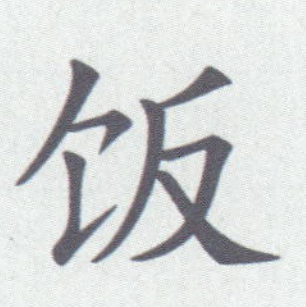

饭　飯 · fàn

ノ ク ク 忆 忆 饭 饭

饭　饭　饭　饭

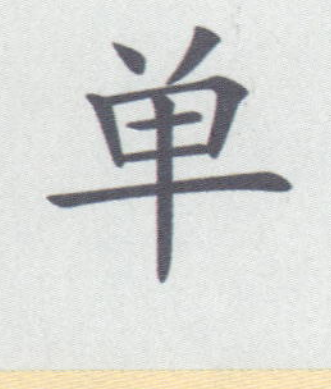

单　單 · dān

丷 丷 严 肖 肖 单 单

单　单　单　单

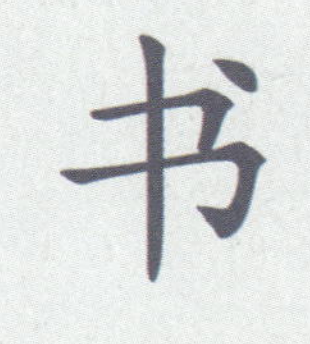

书　書 · shū

ㄱ ㅋ 书 书

书　书　书　书

您要什么?

바탕음 : Bingo

음식 천국, 중국!

오늘은 이 쌤이 너무도 할 말이 많은 날~ 소문난 먹보 이 쌤이 지금부터 여러분들께 '음식 이야기' 보따리를 하나하나 풀어 보여 드리겠습니다~ 먼저, 중국인들의 하루 식사를 엿보도록 할까요?

아침 예전엔 '여우티아오(油条 yóutiáo)'라고 해서 꽈배기처럼 생긴 길다란 튀김 음식을 주로 먹다가 지금은 빵이나 계란, 우유 등으로 아침식사를 하고 있어요.

점심 점심시간이 2시간에서 한 시간으로 줄어든 지금 중국인들은 '청결하고 빠른' 식사를 선호하게 되어 '카레 밥', '일본식 라면', '햄버거', '커피숍의 샌드위치' 등 외국 음식을 즐겨 먹어요.

저녁 한 식탁에 앉아 밥, 탕, 요리를 한 상 차려 놓고 천천히 즐긴답니다.

▲ 넓은 나라만큼이나 가짓수가 많은 중국음식

그럼, 이번에는 중국인의 식사 예절을 한번 볼까요?

첫째, 집주인이 준비한 음식을 다 먹지 않는다.

한국에선 집주인이 준비한 음식을 다 먹는 것이 예의지만, 중국인들은 준비한 것을 손님이 다 먹어 버리면, 더 준비하지 못한 것에 미안함을 느낀다고 하네요~

둘째, 주변 접시에 음식이 비었을 때는 음식을 덜어서 놓아 준다.

중국인들은 혼자 음식을 먹는 것은 다른 사람에게 실례이며, 상대를 불쾌하게 만들 수도 있다고 생각해요.

셋째, 생선을 먹을 때는 몸통을 뒤집지 않는다.

원래 생선을 뒤집는 것은 배가 뒤집어진다고 생각하는 해안지역 사람들에게 거의 철칙처럼 통하던 것인데, 현재는 중국인들 대부분이 생선의 한 면을 다 먹고 뒤집어 먹는 것을 좋게 생각하지 않아요.

介绍

가족 소개

5주차 : 네 번째 요리

중국인 친구와 서로 이름도 알려 주고
함께 식사도 했나요? 그럼 이번주에는
가족들에 대해 묻는 표현을 배워서 화
제를 키워 보세요~^^

기본표현 익히기

친구에게 이것저것 물어 볼 게 많이 있죠? 가족은 어떻게 되는지, 나이는 몇인지… 자~ 오늘은 이와 관련된 기본표현을 익혀 봐요~

재료 1

니 이오우 띠 디 마

你有弟弟吗? 너에게는 남동생이 있니?
Nǐ yǒu dìdi ma?

재료 2

니 뚜어 따

你多大? 나이가 어떻게 되세요?
Nǐ duō dà?

재료 3

워 알 스 쑤에이

我二十岁。 스무살이에요.
Wǒ èrshí suì.

재료 4

니 쭈어 션 머 꽁 쭈어

你做什么工作? 무슨 일을 하세요?
Nǐ zuò shénme gōngzuò?

 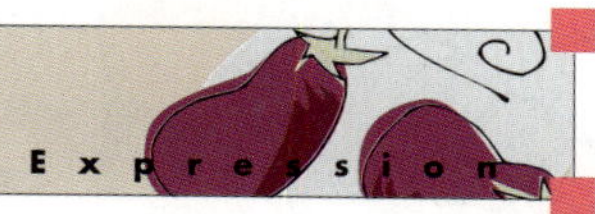

1   你有弟弟吗?

'有'는 '~이 있다'라는 의미예요. '언니가 **있다**', '오빠가 **있다**' 등등 소유관계를 나타낼 때 「有○○」형식으로 써요.
'吗'는 「2주차-인사하기」에서 배웠죠? '~이니?'라는 의미로 평서문 끝에 붙어 의문문을 만든다고 했잖아요~ 이 문장에서도 '你有弟弟 (너는 남동생이 있다)'에 '吗'가 붙어서 '너는 남동생이 있니?'라는 의미가 되었어요.

2   你多大?

성인의 나이를 물을 때 "你多大?"라고 해요. '多'는 '많다'라는 의미로 가장 많이 쓰이지만 의문문에서는 '얼마나'라는 의미로 쓰여요. '大'는 '크다'라는 의미인데, '多大'라고 하면 나이를 묻는 표현이 된답니다.

3   我二十岁。

나이에 대한 대답은 '○○岁'라고 하면 돼요. '○○' 부분에 자기 나이를 넣어 말해 보세요.

4   你做什么工作?

'당신은(你) 무슨(什么) 직업(工作)에 종사하십니까(做)?'라는 뜻으로 상대방의 직업을 물을 때 쓰는 표현입니다~

톡톡회화

요리하기

유미가 리홍의 가족에 대해 관심이 많은가 봐요. 어떤 대화를 나누는지 한 번 볼까요?

니 여우 띠 디 마
金优美 : 你有弟弟吗?
Nǐ yǒu dìdi ma?

워 메이 여우 띠 디　　　워 여우 이 거 지에 제
王力宏 : 我没有弟弟，我有一个姐姐。
Wǒ méi yǒu dìdi, wǒ yǒu yí ge jiějie.

니 지에 제 찐 니엔 뚜어 따
金优美 : 你姐姐今年多大?
Nǐ jiějie jīnnián duōdà?

타 찐 니엔 알 스 리오우 쑤에이
王力宏 : 她今年二十六岁。
Tā jīnnián èrshíliù suì.

타 쭈어 션 머 꽁 쭈어
金优美 : 她做什么工作?
Tā zuò shénme gōngzuò?

타 스 옌 위엔
王力宏 : 她是演员。
Tā shì yǎnyuán.

해석　김유미 : 넌 남동생이 있니?

왕리홍 : 난 남동생이 없어. 나에겐 누나가 한 명 있어.

김유미 : 너의 누나는 올해 나이가 어떻게 돼?

왕리홍 : 그녀는 올해 스물여섯살이야.

김유미 : 무슨 일을 하시는데?

왕리홍 : 그녀는 배우야.

1 我没有弟弟，我有一个姐姐。

'有'의 부정형은 '没有'입니다. 다른 동사들은 '不'로 부정하지만
'有'는 '没'로 한다는 것 꼭 기억하세요!!

> **어휘**
>
> 没有 méi yǒu | 없다

2 你姐姐今年多大?

나이를 묻는 표현은 대상에 따라 달라집니다. 우리도 어르신들
에겐 "연세가 어떻게 되세요?"라고 묻고 애들에겐 "몇 살이니?"
하고 묻듯이 말예요~

예	나이가 많은 어른에게	→	您多大年纪?
	열 살 이내의 어린 아이에게	→	你几岁?
	나이가 비슷한 성인에게	→	你多大?

> **어휘**
>
> 今年 jīnnián | 올해
> 年纪 niánjì | 연령, 나이
> 几 jǐ | 몇

3 她是演员。

"你做什么工作？" 하고 무슨 일을 하냐고 물었을 때 보통 "我是
○○"와 같이 자신의 직업을 말하면 됩니다.

> **어휘**
>
> 演员 yǎnyuán | 배우, 연
> 기자

한걸음 더

가족 구성도

할아버지
爷爷 yéye

할머니
奶奶 nǎinai

아빠
爸爸 bàba

엄마
妈妈 māma

형(오빠) 哥哥 gēge　누나(언니) 姐姐 jiějie　나 我 wǒ　여동생 妹妹 mèimei　남동생 弟弟 dìdi

Listening & Writing Drill

이틀 동안 잘 공부하셨나요? 오늘은 그럼 듣기연습을 해 봐요~ 열심히 하면 결국 귀가 뻥~하고 뚫린답니다.

1 '3단계 속도 조절 연습(느리게 ➡ 빠르게)'을 할 거예요. 녹음 속도에 따라 읽고난 후 체크해 주세요.

(1) 당신은 남동생이 있습니까?

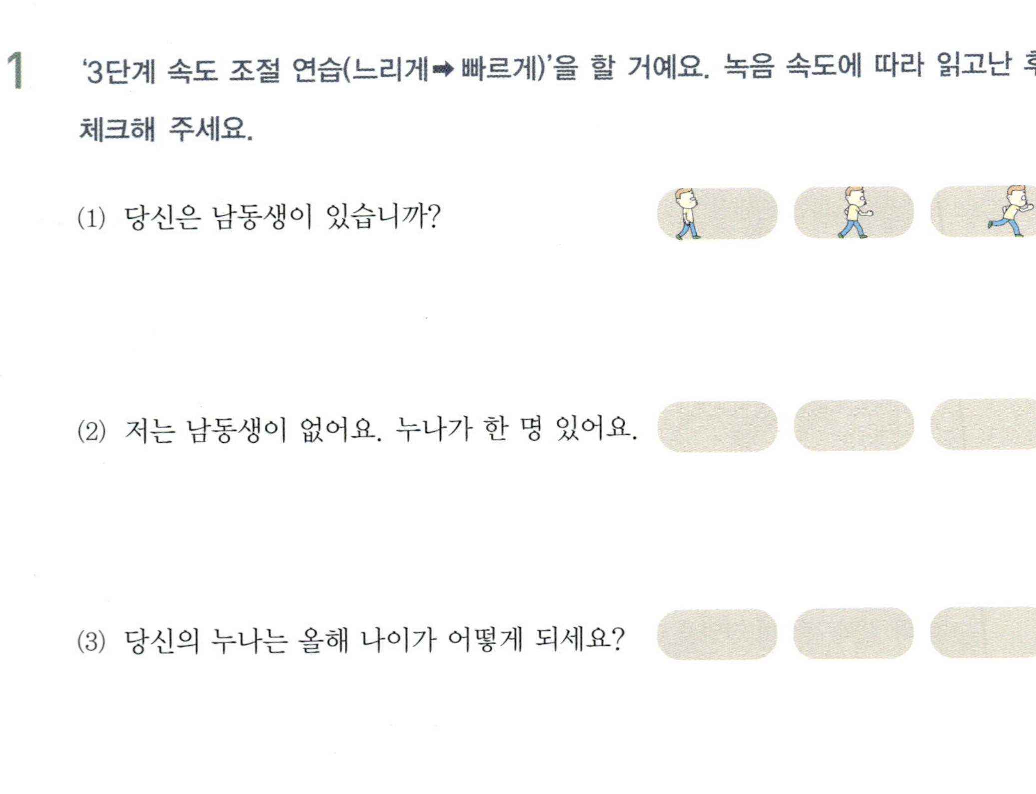

(2) 저는 남동생이 없어요. 누나가 한 명 있어요.

(3) 당신의 누나는 올해 나이가 어떻게 되세요?

(4) 그녀는 올해 스물여섯입니다.

2 녹음을 듣고 중국어로 써 보세요.

(1) 빈칸 채우기를 해 보는 거예요 ~

① 我______弟弟，我________姐姐。

② 你姐姐____________？

③ 她________________。

④ 她______什么______？

(2) 자! 이제는 녹음을 잘 듣고 '통째 받아쓰기'를 해 보는 거예요 ~

① ________________

② ________________

③ ________________

④ ________________

⑤ ________________

플러스 **표현** 익히기

뭔가 부족하다고요? 더 알고 싶은 표현이 있다고요? 요리에 양념을 뿌리듯 플러스 표현을 익혀 봐요~

양념 1

타 스 세이
他是谁? 그는 누구예요?
Tā shì shéi?

> **谁** shéi 누구
> '谁'는 '육하원칙'에서 'who'에 해당하는 의문사예요. '谁' 역시 의문사이니 '吗'를 쓰지 않아도 의문문이 돼요.

양념 2

니 쟈 여우 지 커우 런
你家有几口人? 가족이 몇 명이에요?
Nǐ jiā yǒu jǐ kǒu rén?

> **家** jiā 가정, 집 | **口** kǒu 식구를 세는 양사 | **人** rén 사람
> 식구수를 묻는 표현입니다. 대답을 할 때는 "我家有○口人." 하고 빈칸에 숫자만 넣어 말하면 돼요~ "세 식구입니다"는? 딩동댕~ "三口人"이라고 하면 되겠죠?

양념 3

니 쟈 여우 션 머 런
你家有什么人? 가족구성원이 어떻게 되나요?
Nǐ jiā yǒu shénme rén?

> "가족 누구누구 있어?"라는 표현이에요. "你家都(dōu; 모두)有谁?"라고 묻기도 합니다.

양념 4

빠 바 마 마 꺼 거 허 워
爸爸、妈妈、哥哥和我。 아빠, 엄마, 형, 그리고 저예요.
Bàba、 māma、 gēge hé wǒ.

> 가족구성원을 얘기할 때는 일반적으로 다른 식구를 순서대로 먼저 말하고 자신은 마지막에 말한답니다. 또 중국어 문장에서 ' 、[dùnhào]'는 '和(그리고)'의 의미입니다. 그러므로 '和'는 마지막에 한 번만 말해주면 돼요~

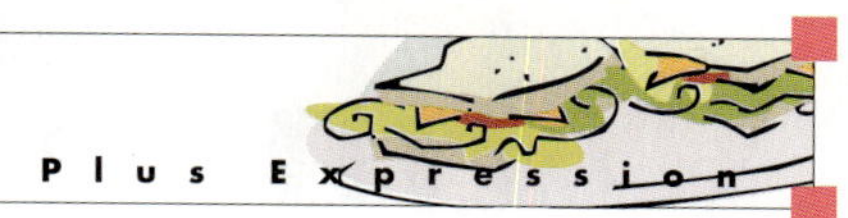

🥕 녹음을 따라하며 교체연습을 해 볼까요?

1

A : 他 是谁？
　　她
　　这

그는 누구입니까?
그녀는 누구입니까?
이 사람은 누구입니까?

B : 他 是我 爷爷 。
　　她　　　奶奶
　　这　　　朋友

그는 제 할아버지이십니다.
그녀는 제 할머니십니다.
이 사람은 제 친구입니다.

2

A : 你做什么工作？

당신의 직업은 무엇입니까?

B : 我是 医生 。
　　　　警察
　　　　记者

저는 의사입니다.
저는 경찰입니다.
저는 기자입니다.

3

A : 你 朋友 今年 多大 ？
　　　爸爸　　　多大年纪
　　　儿子　　　几岁

네 친구는 올해 나이가 어떻게 되니?
네 아버지는 올해 연세가 어떻게 되시니?
네 아들은 올해 몇 살이야?

B : 他今年 22 岁。
　　　　　56
　　　　　5

올해 스물두살이에요.
올해 쉰여섯이세요.
올해 다섯살이야.

朋友 péngyou 친구 ｜ **医生** yīshēng 의사 ｜ **警察** jǐngchá 경찰 ｜ **记者** jìzhě 기자 ｜ **儿子** érzi 아들

종합연습문제

자~ 오늘은 양념들이 재료에 쏙쏙 잘 배어들었는지 간을 보듯 함께 문제들을 풀어볼까요?

1 나도 만화가 ~ 만화의 빈칸에 적당한 표현을 넣어 스토리를 완성해 보세요 ~

A : 여동생 있냐?
B : 없습니다!! 형이 한 명 있습니다.

A : 너는?

C : 여동생이 한 명 있습니다!

A : 올해 나이가 몇이야?
C : 올해 20살입니다!!

2 녹음을 두 번 듣고, 녹음내용과 일치하면 ○, 일치하지 않으면 ×를 표시하세요.

(1) 他爷爷是老师。（　　）

(2) 他没有姐姐。（　　）

(3) 他妈妈今年五十岁。（　　）

(4) 他家有六口人。（　　）

3 다음 질문에 맞는 대답을 찾아 이어 보세요.

(1) 你弟弟今年几岁？

(2) 爷爷，您多大年纪？

(3) 你姐姐今年多大？

① 她今年十八岁。

② 他六岁。

③ 我今年六十五。

4 다음 그림을 보고 빈칸에 알맞게 채워 넣으세요.

(1)

她＿＿＿＿妹妹，她有＿＿＿＿＿＿＿＿。

(2)

他是＿＿＿＿＿＿＿。

(3)

我家有＿＿＿＿＿＿人。

(4)

她今年＿＿＿＿＿＿＿。

没 méi — 氵 氵 氵 没

有 yǒu — 一 ナ 冇 有

弟 dì — 丶 丷 屮 弟 弟 弟

姐 jiě — 女 如 如 姐

岁 歲·suì — 丨 屮 山 岁 岁 岁

人 rén — 丿 人

谁 誰·shéi, shuí — 丶 讠 讠 讠 讠 诈 谁 谁

妈 媽·mā — 乚 女 女 奵 妈 妈

他是谁?

바탕음 : 인디안

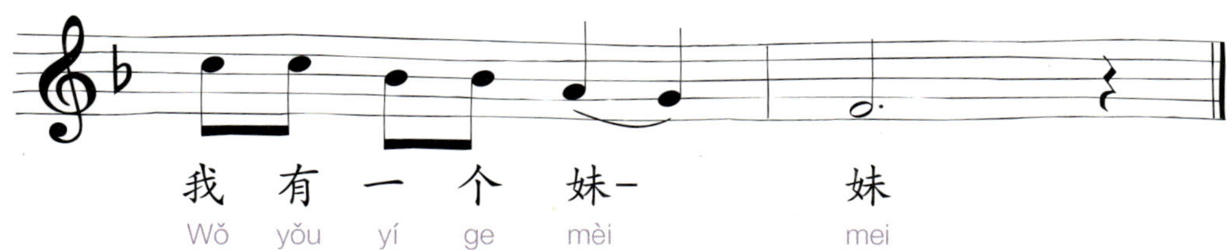

🥕 가사를 **바꿔** 불러요 ~

你今年多大　我今年二十岁　　你家有什么人　你家都有谁
你家有几口人　我家有四口人　　爸爸 妈妈 妹妹和我

상하이의 결혼 풍습-
신부 신발 갈아 신기기

오늘은 중국인의 90%를 차지하는 한족 중에서도, '상하이인'의 결혼 풍습에 대해서 소개하려고 해요.

지금 '상하이!' 하면 현대화된 도시의 대표격이지만 옛날의 상하이는 전통을 굉장히 중시하는 지역이었어요. 중국도 예전엔 자유연애의 기회가 없었기 때문에, 혼약에서 혼례 기간까지의 결정을 모두 중매쟁이가 했더래요. 중매쟁이의 도움으로 맘에 드는 신부를 소개받은 신랑 측은 신부 측에게 혼인 날짜를 알리고 허락을 기다렸다지요? 그렇게 허락까지 받고 나면, 반드시 중매쟁이에게 '수고비'를 주어 혼인의 연에 대한 은혜에 감사를 표해야 했고요. 이렇게 결정된 혼사는 이제 일사천리로 진행됩니다.

▲ 결혼 피로연을 즐기는 중국의 신랑신부

그렇다면, 신부 집은 어떨까요?

신부는 친정집을 나서기 전에 먼저 연밥과 백합을 함께 끓인 설탕물을 마셔야 했어요. 이는 딸이 시집을 가서 '달콤하고 걱정 없는 나날'을 보냈으면 좋겠다는 소망을 담은 거죠. 시댁으로 가는 길에는 신부보다 나이 많은 여자(부모님 다 건재하시고, 남편과 금실 좋고, 자녀가 있는 여성)나 여자 결혼식 진행자가 빨간 우산을 들고 신부와 함께 동행을 해야 된대요. 신부에게 나쁜 요괴나 재앙이 접근치 못하도록 하기 위함이죠. 여자 결혼식 진행자는 또 신부가 집을 나서기 전에 '꽃이 수놓아진 새 신발' 한 켤레를 준비해 두었다가, 신부가 가마에 올라탄 후, 바로 신발을 갈아 신겨 주어야 한다네요. 이는 신부가 집을 떠남은 곧 이미 '시댁 사람'이 됨을 의미하는 것이므로, 친정집 물건들은 하나도 시댁에 가지고 갈 수 없음을 의미한대요. 이것은 또한 이 날 이후부터 신부의 생활을 모두 그녀의 남편에게 맡기겠다는 의사 표시이기도 합니다.

6

问去处
장소 묻기

6주차 : 다섯 번째 요리

어느새 5주가 휘리릭 지나갔네요~ 나
도 모르게 중국어로 노래를 흥얼거리진
않나요? ^^ 이번주에 도전할 요리는 '장
소 묻기'입니다.

기본표현 익히기

여섯째 주의 요리강좌가 시작되었습니다. 오늘은 '장소 묻기'로 대화를 나누기 위한 기본재료를 배워 보겠습니다.

재료 1

니 취 날

你去哪儿? 어디 가니?

Nǐ qù nǎr?

재료 2

워 취 샹 띠엔

我去商店。 상점에 가.

Wǒ qù shāngdiàn.

재료 3

샹 띠엔 짜이 날

商店在哪儿? 상점은 어디에 있니?

Shāngdiàn zài nǎr?

재료 4

샹 띠엔 짜이 이오우 쥐 팡 비알

商店在邮局旁边儿。

Shāngdiàn zài yóujú pángbiānr.

상점은 우체국 옆에 있어.

1　你去哪儿?

'哪'는 의문사로 '어느', '어디'라는 뜻이에요. '哪儿' 혹은 '哪里 nǎli'
로 쓰인답니다.

> 你去哪儿? = 你去哪里? 어디 가니?

어휘
去 qù ｜ 가다
哪儿 nǎr ｜ 어디

2　我去商店。

"학교에 가", "서점에 가", "중국에 가"라고 할 때, '去ㅇㅇ' 형식으로
표현하면 돼요. 'ㅇㅇ' 부분에 장소를 말하면 되겠죠?

어휘
商店 shāngdiàn ｜ 상점

3　商店在哪儿?

장소를 물을 때 빠지지 않는 '在'는 '~에' 혹은 '~에 있다'라는 의미
예요. '~에'라는 의미일 때는 다른 동사와 함께 쓰이지만 '~에 있다'
라는 의미의 동사일 때는 혼자 쓰여요.

어휘
在 zài ｜ ~에, ~에 있다

4　商店在邮局旁边儿。

"우체국 옆에 있어요", "은행 건너편에 있어요" 등등 표현을 할 때 '旁
边儿'과 같이 장소를 나타내는 단어를 써요. 장소를 나타내는 단어는
내일 배우도록 할게요~

어휘
邮局 yóujú ｜ 우체국
旁边儿 pángbiānr ｜ 옆

톡톡**회화**

유미와 리쥔이 길에서 우연히 마주쳤어요~ 리쥔이 유미에게 어디에 가는
지 묻고 있네요. 자~ 둘의 대화를 한번 볼까요?

李　俊 :
이오우메이　　니　취　날
优美，你去哪儿？
Yōuměi,　nǐ　qù　nǎr?

金优美 :
워　취　샹　띠엔 마이 똥　시
我去商店买东西。
Wǒ　qù　shāngdiàn mǎi dōngxi.

李　俊 :
샹　띠엔 짜이　날　　니 쯔 다오 마
商店在哪儿，你知道吗？
Shāngdiàn zài nǎr,　nǐ zhīdao　ma?

金优美 :
쯔 다오　　샹 띠엔 짜이 여우 쥐 팡　비알　　뚜에이 바
知道。商店在邮局旁边儿，对吧？
Zhīdao.　Shāngdiàn zài yóujú　pángbiānr,　duì ba?

해석　리　쥔 : 유미야, 어디 가?

김유미 : 상점에 물건 사러 가.

리　쥔 : 상점이 어디에 있는지 너 아니?

김유미 : 알아. 우체국 옆에 있잖아. 맞지?

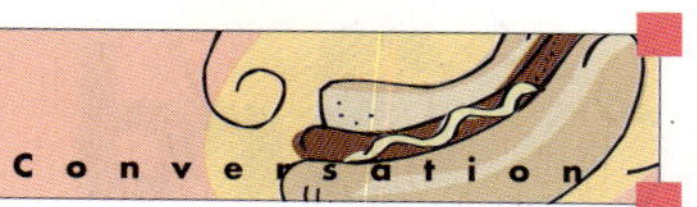

1 我去商店买东西。

'상점에 가서(去商店)', '물건을 사다(买东西)'라는 두 개의 동작이 연이어서 나오고 있죠? 이런 문장을 바로 '**연동문(連動文)**'이라고 해요.

2 对吧?

"맞**지?**", "너는 학생이**지?**", "그 사람은 중국인**이지?**"에서처럼 문미에 쓰여 추측을 나타내는 표현을 할 때는 「…**吧?**」라는 표현을 쓸 수 있어요~

예 너는 학생이지? → **你是学生吧?**
그는 선생님이지? → **他是老师吧?**

어휘

买 mǎi ㅣ 사다
东西 dōngxi ㅣ 물건
知道 zhīdao ㅣ 알다

어휘

对 duì ㅣ 맞다, 옳다
吧 ba ㅣ ~지?(추측을 나타내는 조사)

한걸음 더

방향을 나타내는 말들

위 단어들의 공통점을 찾아내셨나요? 그렇죠! '中间'을 제외한 나머지 단어들은 모두 끝에 '边'이 붙어 있죠? '边' 대신 '面 miàn'이 붙어도 의미는 같답니다.

Listening & Writing Drill 맛 보 기

요리를 했으면 맛을 봐야죠. 오늘은 이틀간 배웠던 회화를 듣고 따라하고
쓰고, 눈으로 익혀 복습하는 시간을 갖겠습니다.

1 '3단계 속도 조절 연습(느리게 ➡ 빠르게)'을 할 거예요. 녹음 속도에 따라 읽고난 후
체크해 주세요.

(1) 어디에 가니?

(2) 상점에 물건 사러 가.

(3) 상점이 어디에 있는지 너 아니?

(4) 상점은 우체국 옆에 있어. 맞지?

2 녹음을 듣고 중국어로 써 보세요.

(1) 빈칸 채우기를 해 보는 거예요~

① 你去________?

② 我去________买________。

③ 商店_____哪儿，你________吗？

④ 商店_____邮局__________，对吧？

(2) 자! 이제는 녹음을 잘 듣고 '통째 받아쓰기'를 해 보는 거예요~

① ____

② ____

③ ____

④ ____

4th day

3일 동안 즐겁게 배우셨나요? 오늘은 장소를 나타내는 단어들을 이용
한 여러 가지 표현들을 알아 볼게요~

● 양념 **1**

띠엔 잉 위엔 뚜이 미엔 스 야오 띠엔

电影院对面是药店。 영화관 맞은편은 약국입니다.

Diànyǐngyuàn duìmiàn shì yàodiàn.

▌ **电影院** diànyǐngyuàn 영화관 | **对面** duìmiàn 맞은편 | **药店** yàodiàn 약국
우리말에서 "상점 옆은 학교야"라고 말하듯이 중국어에서도 '~이다'라는 뜻의 '是'를 이용해 장소를
나타낼 수 있어요.

● 양념 **2**

쭈어 즈 샹 비엔 여우 션 머?

桌子上边有什么？ 책상 위에는 무엇이 있나요?

Zhuōzi shàngbiān yǒu shénme?

▌ **桌子** zhuōzi 책상, 탁자
'~에 ~가(이) 있다'라는 표현으로 장소를 나타낼 수도 있겠죠? 이때는 '有'를 써 주세요~ '有'의 부
정형은 뭐라고 했죠? Bingo! '没有'였죠~~

● 양념 **3**

리 쩔 위엔 마

离这儿远吗？ 여기에서 먼가요?

Lí zhèr yuǎn ma?

▌ **离** lí ~에서부터 | **远** yuǎn 멀다
'离'는 공간이나 시간적 거리의 기준점을 나타내요. 공간의 기준을 나타낼 땐 꼭 이렇게 장소를 나타
내는 단어 앞에 온답니다~~

● 양념 **4**

뚜이 미엔 더 뉘 할 헌 퍄오량

对面的女孩儿很漂亮。 맞은편의 여자애는 아주 예뻐요.

Duìmiàn de nǚháir hěn piàoliang.

▌ **女孩儿** nǚháir 여자애 | **漂亮** piàoliang 예쁘다
'电影院对面'에서처럼 방향을 나타내는 단어가 수식을 받을 때는 '的'를 쓰지 않지만, '对面的女孩
儿'에서처럼 명사를 수식을 할 때는 '的'가 꼭~ 들어가요!!

🥕 녹음을 따라하며 교체연습을 해 볼까요?

1 A : 你去哪儿？　　　　　　　　　어디에 가니?

B : 我 去图书馆 学习 。　　　　공부하러 도서관에 가.
　　　去市场　买东西　　　　　물건 사러 시장에 가.
　　　去电影院　看电影　　　　영화 보러 영화관에 가.

2 A : 银行 在哪儿？　　　　　　　은행은 어디에 있어?
　　　学校　　　　　　　　　　학교는 어디에 있어?

B : 银行 在 学校右边 。　　　은행은 학교 오른편에 있어.
　　　学校　 药店前边　　　　학교는 약국 앞쪽에 있어.

3 A : 优美对面 是谁？　　　　　유미의 맞은편은 누구니?
　　　李俊旁边　　　　　　　리쥔의 옆은 누구니?

B : 优美对面 是 力宏 。　　유미의 맞은편은 리홍이야.
　　　李俊旁边　　 优美　　리쥔의 옆은 유미야.

4 A : 桌子 上边 有什么？　　책상 위엔 무엇이 있니?
　　　　　 下边　　　　　　책상 아래엔 무엇이 있니?

B : 桌子 上边 有 钢笔 。　책상 위엔 만년필이 있어.
　　　　　 下边　　 书包　책상 아래엔 책가방이 있어.

图书馆 túshūguǎn 도서관 ｜ 学习 xuéxí 공부하다 ｜ 市场 shìchǎng 시장 ｜ 看 kàn 보다 ｜ 电影 diànyǐng 영화 ｜
银行 yínháng 은행 ｜ 学校 xuéxiào 학교 ｜ 钢笔 gāngbǐ 만년필 ｜ 书包 shūbāo 책가방

종합연습문제

자~ 오늘은 양념들이 재료에 쏙쏙 잘 배어들었는지 간을 보듯 함께 문제들을 풀어 볼까요?

1 나도 만화가 ~ 만화의 빈칸에 적당한 표현을 넣어 스토리를 완성해 보세요 ~

A : 아들, 어디 가냐?
B : 공부하러 도서관에 가요.

A : 그래? 책가방 안에는 뭐야?

A : 이건 뭐야?
B : 영화표요.

A : 도서관이 영화관 안에 있냐?

2 녹음을 두 번 듣고, 질문에 알맞은 답을 골라 보세요.

(1) 리홍은 어디에 가나요?
　① 电影院　　② 邮局　　③ 市场　　④ 学校

(2) 영화관 옆은 무엇인가요?
　① 市场　　② 邮局　　③ 学校　　④ 银行

3 다음 두 개의 문장을 하나로 이어 보세요.

> 예   我去商店。我买东西。 → 我去商店买东西。

(1) 他去电影院。他看电影。→

(2) 我去市场。我买东西。 →

(3) 他去学校。他学汉语。 →

4 다음 그림 내용과 알맞은 문장을 연결하세요.

(1) •

① 桌子上边有两听可乐。

(2) •

② 银行在学校后边。

(3) •

③ 优美左边是力宏。

(4) •

④ 邮局对面是电影院。

후 식 으 로 커 피 한 잔

买
一 ㄱ ㄲ 买 买 买
买 买 买 买
買 · mǎi

东
一 �一 车 东 东
东 东 东 东
東 · dōng

邮
丨 丌 日 由 由 邮 邮
邮 邮 邮 邮
郵 · yóu

边
ㄱ 力 力 边 边
边 边 边 边
邊 · biān

商
亠 产 产 产 商 商 商 商
商 商 商 商
商 · shāng

药
一 艹 艹 艿 药 药 药 药
药 药 药 药
藥 · yào

离
亠 文 文 离 离 离 离
离 离 离 离
離 · lí

远
一 二 テ 元 元 远 远
远 远 远 远
遠 · yuǎn

你去哪儿?

바탕음 : 머리 어깨 무릎 발

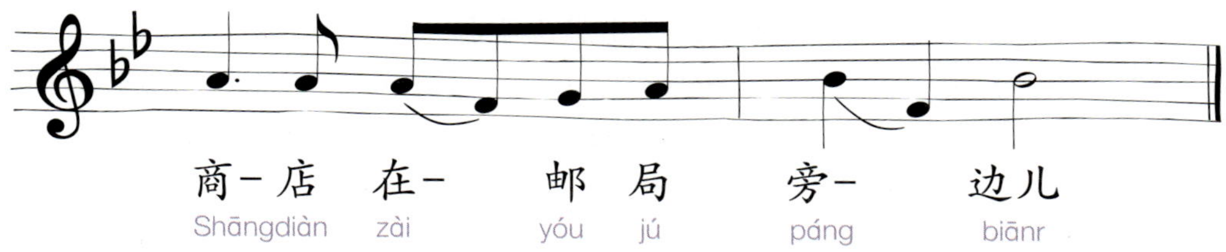

중국 친구에게 이메일 보내기

몇 년 전만 해도 중국인 친구와 계속 연락을 하려면 우체국에 가서 항공우편을 부치거나 번호를 두 배씩이나 눌러 가며 국제전화를 해야 했지만, 지금은 이메일이나 메신저와 같은 방법으로 쉽게 연락을 할 수 있어요.

중국인들이 주로 쓰는 메일은 'Hotmail'인데, 이는 다른 국내 메일이 바이러스에 쉽게 감염이 되고, 또 타인에 의해 도용될 위험이 높은데 반해, 핫메일은 가입할 때 아이디와 핸드폰 번호만 쓰면, 핫메일 회사에서 비밀번호를 정해서 SMS로 알려주기 때문에, 안전하다는 것이 가장 큰 이유라고 합니다. 게다가, 세계 각국과 연결되어 있고, 메일에 홈페이지에 메신저까지 모두 이용할 수 있으니까 말예요~

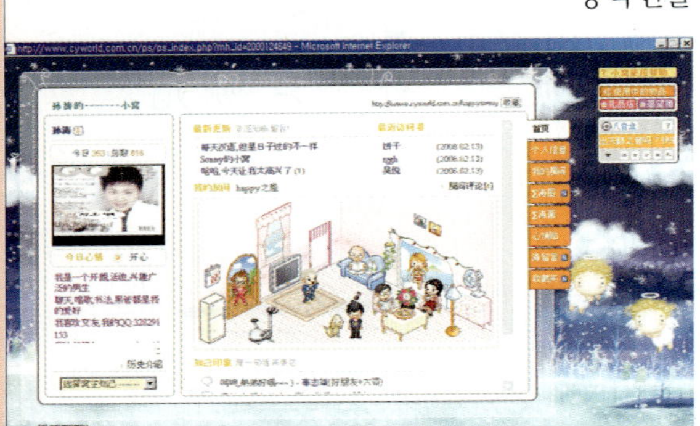

▲ 중국 싸이월드(塞我) 미니홈피

요즘엔 대부분 윈도우 XP를 쓰고 있기 때문에 간단하게 중국어 자판을 추가하면 중국어를 입력할 수 있어요. 그러면 중문 사이트에서 유용한 정보나 자료를 얻을 수 있답니다. 아직까지 윈도우 98을 쓰신다고요? 윈도우 98을 쓰시는 분들은 '중국어 IME(Microsoft Global IME 5.02 for Chinese Simplified)'를 다운로드 받아서 설치하면 윈도우상에서 중국어 입력이 가능하답니다.

요즘 중국에도 미니홈피 열풍이 불고 있다고 하죠? '싸이(cyworld)'는 중국어로 '塞我 Sāiwǒ'라고 해요. 홈페이지는 'www.cyworld.com.cn'입니다. 중국 젊은이들의 미니홈피에 들어가서 인사도 하고 자기소개를 하고 친구가 되어 보세요~ 중국어 실력도 쑥쑥 늘 거예요~

자~ 그럼 '塞我'에서 쓰이는 용어들을 한번 볼까요?

· 일촌 知己 zhījǐ
· 미니홈피 迷你小窝 mǐnǐ xiǎowō
· 선물가게 礼品店 lǐpǐndiàn
· 방명록 留言板 liúyánbǎn

7

买东西
물건 사기

7주차 : 여섯 번째 요리

이번주에는 상점에서 물건을 살 때 사용할 수 있는 가장 실용적인 말들을 배워 보도록 해요~

기본표현 익히기

재 료 준 비

"얼마예요?", "빵이랑 우유 살래요~" 등등 물건을 살 때 기본적으로 쓰이는
표현을 알아 볼까요?

재료 1

니 야오 마이 션 머

你要买什么？ 무엇을 사려고 하니?

Nǐ yào mǎi shénme?

재료 2

뚜어 샤오 치엔

多少钱？ 얼마예요?

Duōshao qián?

재료 3

리앙 콰이 치　마오

2块7(毛)。 2위안 7마오야.

Liǎng kuài qī máo.

재료 4

워 야오 마이 리앙 허 니오우 나이

我要买两盒牛奶。

Wǒ yào mǎi liǎng hé niúnǎi.

우유 두 팩 주세요.

선생님~ 요건 어떤 맛을 내는 데 필요한가요?

1 你要买什么?

「4주차-주문하기」에서 우리는 '원하다', '필요로 하다'라는 의미의 '要'를 배웠었죠? 여기서 '要'는 '~하고 싶다', '~하려고 하다'라는 의미의 조동사예요. "먹**고 싶어**", "자**고 싶어**", "가**고 싶어**"에서처럼 하고 싶은 동작 앞에 '要'만 살짝 붙여 주세요~

어휘

要 yào │ ~하고 싶다, ~하려고 하다

2 多少钱?

"多少钱?"은 물건을 살 때 가장 많이 쓰는 표현이에요. 사고자 하는 물건 뒤에 붙여 "ㅇㅇ多少钱?" 하고 말해 보세요~

어휘

多少 duōshao │ 얼마, 몇
钱 qián │ 돈

3 2块7(毛)。

중국 화폐를 '인민폐'라고 하는데 그 기본 단위는 다음과 같아요~
1块(元)= 10毛(角)= 100分

어휘

块 kuài │ '元 yuán'에 해당하는 화폐 단위
毛 máo │ '角 jiǎo'에 해당하는 화폐 단위
分 fēn │ 인민폐의 단위, '角'의 1/10

4 我要买两盒牛奶。

우리는 '우유 두 개'처럼 개수를 물건 뒤에 말하지만 중국은 개수를 먼저 말한답니다. 개수를 말할 때는 「개수+양사+물건」 순으로 해당하는 물건의 양사를 꼭 말해야 해요. 「4주차-주문하기」둘째날을 참고하세요~

톡톡회화

요 리 하 기

유미가 상점에 뭘 사러 왔나 봐요. 판매원과 어떤 대화를 나누는지 한번 볼까요?

售货员 :
니 하오　니 야오 마이 션 머
你好! 你要买什么?
Nǐ hǎo!　Nǐ yào mǎi shénme?

金优美 :
아 이　니오우 나이 뚜어 샤오 치엔 이 허
阿姨! 牛奶多少钱一盒?
Āyí!　Niúnǎi duōshao qián yì hé?

售货员 :
량 콰이 치 마오
2 块 7(毛)。
Liǎng kuài qī (máo).

金优美 :
쩌 거 미엔 빠오 느어
这个面包呢?
Zhè ge　miànbāo ne?

售货员 :
미엔 빠오 싼 콰이 치엔 이 거
面包3块钱一个。
Miànbāo sān kuài qián yí ge.

金优美 :
워 야오 마이 리앙 허 니오우 나이 허 이 거 미엔 빠오
我要买两盒牛奶和一个面包。
Wǒ yào mǎi liǎng hé niúnǎi hé yí ge miànbāo.

해석　판매원 : 안녕하세요! 무엇을 사려고 하시나요?

김유미 : 아줌마! 우유 하나에 얼마예요?

판매원 : 2위안 7마오입니다.

김유미 : 이 빵은요?

판매원 : 하나에 3위안이에요.

김유미 : 우유 두 개랑 빵 하나 주세요.

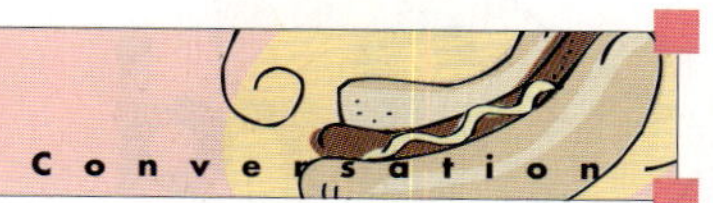

1 阿姨! 牛奶多少钱一盒?

물건의 종류를 들어서 가격을 묻는 방법은 다음 두 가지가 있어요.

> 예 물건 한 개의 가격을 물을 때 → **牛奶多少钱一盒?**
> 합계의 가격을 물을 때 → **三盒牛奶多少钱?**

하나의 가격을 물을 때와 합계의 가격을 물을 때 「개수+양사」의 위치에 주의하세요~

2 这个面包呢?

'~는?'이라는 표현을 써서 앞에 나왔던 질문을 되물을 때는 '…呢?'를 쓴다고 했죠? 여기서는 앞에서 가격을 묻고 있으니 이 문장도 빵의 가격을 묻고 있는 거죠? 바로 '多少钱'이 생략된 거겠네요~.

어휘

售货员 shòuhuòyuán | 판매원

阿姨 āyí | 아주머니(어머니 또래의 여자를 부르는 말)

tips

중국의 돈

한걸음 더

인민폐 알기

중국의 화폐를 '인민폐(人民币 rénmínbì)'라고 합니다. 인민폐는 다음과 같이 표시해요~

$$65.24元$$
$$↑\quad↑\quad↑$$
$$块\quad毛\ 分$$

단위는 이렇게 소수점 위로는 '块 kuài'라고 읽고, 소수점 아래 첫 번째 단위는 '毛 máo', 두 번째 단위는 '分 fēn'입니다. 따라서 65.24元은 '六十五**块**两**毛**四**分**'이라고 읽을 수 있어요.

여기서 주의할 것!

❶ 구어에서는 '块/毛/分'을, 서면어에서는 '元 yuán/角 jiǎo/分'을 써요~

❷ 중간에 '0(零)'이 없으면 '毛/角'나 '分'이 금액의 끝에 오면 단위를 읽지 않아도 돼요.
   10.50元 → 十块五

❸ 하나의 단위만 쓰일 경우 구어에서는 마지막에 '钱'을 붙여 주세요.
   0.50元 → 五毛钱

❹ '2'가 단독으로 쓰이면 'liǎng'으로 읽어 주고, 단독으로 쓰이지 않고 수의 마지막에 쓰이면 'èr'로 읽는답니다.
   2.00元 → 两块钱   2.20元 → 两块二

1 '3단계 속도 조절 연습(느리게 ➡ 빠르게)'을 할 거예요. 녹음 속도에 따라 읽고난 후
체크해 주세요.

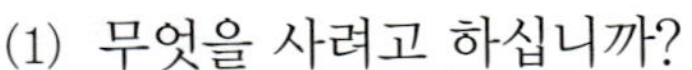

(1) 무엇을 사려고 하십니까?

(2) 아줌마! 우유 한 팩에 얼마예요?

(3) 2위안 7마오란다.

(4) 이 빵은요?

2 녹음을 듣고 중국어로 써 보세요.

(1) 빈칸 채우기를 해 보는 거예요~

① 你好! 你＿＿＿买＿＿＿＿＿？

② 阿姨! 牛奶＿＿＿＿＿＿一盒？

③ 2＿＿＿7＿＿＿。

④ 我要买＿＿＿＿＿和＿＿＿＿＿。

(2) 자! 이제는 녹음을 잘 듣고 '통째 받아쓰기'를 해 보는 거예요~

① ＿＿＿＿＿＿＿＿＿＿＿＿＿＿＿＿

② ＿＿＿＿＿＿＿＿＿＿＿＿＿＿＿＿

③ ＿＿＿＿＿＿＿＿＿＿＿＿＿＿＿＿

④ ＿＿＿＿＿＿＿＿＿＿＿＿＿＿＿＿

⑤ ＿＿＿＿＿＿＿＿＿＿＿＿＿＿＿＿

"얼마예요?"에서 "깎아 주세요"까지 물건을 살 때 더 배울 수 있는 표현을 양념으로 뿌려 보자고요~

● 양념 **1**

이 꽁 뚸어 샤오 치엔

一共多少钱? 모두 얼마예요?

Yígòng duōshaoqián?

▮ **一共** yígòng 모두, 전부

● 양념 **2**

타이 꾸에이 러

太贵了! 너무 비싸요.

Tài guì le!

▮ **太** tài 너무 | **贵** guì 비싸다

'太…了'는 '너무 ~하다'라는 뜻의 고정형식이에요~ '너무 더워', '너무 짜'에서처럼 약간 부정적인 의미로 많이 사용된답니다. 하지만 '太好了'에서는 부정적인 느낌 없이 '너무 좋다(잘됐다)'라는 뜻이에요.

● 양념 **3**

피엔 이 디알

便宜点儿! 좀 싸게 해 주세요.

Piányidiǎnr!

▮ **便宜** piányi 싸다 | **(一)点儿** (yì)diǎnr 조금

'(一)点儿'은 형용사 뒤에 붙어서 '좀 (더) ~하다'라는 뜻을 나타내요. "좀 천천히 말해 주세요", "빨리 좀 와" 등의 표현에 쓰일 수 있겠죠?

● 양념 **4**

쩌 지엔 이 푸 전 머 양

这件衣服怎么样? 이 옷 어때요?

Zhè jiàn yīfu zěnmeyàng?

▮ **件** jiàn 건, 벌 | **衣服** yīfu 옷 | **怎么样** zěnmeyàng 어떠하냐

'怎么样'은 "○○ 어때?"라고 물을 때 주로 쓰여요. 묻고자 하는 대상 뒤에 붙여 "○○怎么样?"

🥕 녹음을 따라하며 교체연습을 해 볼까요?

1 我要 去商店 。 　　　　나는 상점에 가려고 합니다.
　　　 吃比萨饼 　　　　　나는 피자를 먹고 싶습니다.
　　　 坐地铁 　　　　　　나는 지하철을 타야 합니다.

2 A : 你要买什么? 　　　　무엇을 사려고 하십니까?

　　 B : 我要买两 件毛衣 。 　스웨터 두 벌을 사려고 합니다.
　　　　　　　　 条牛仔裤 　　청바지 두 벌을 사려고 합니다.
　　　　　　　　 斤牛肉 　　　쇠고기 두 근을 사려고 합니다.

3 快 点儿! 　　　　　빨리!
　　 慢 　　　　　　　천천히!

4 A : 这 件 怎么样? 　　　이건 어때요?
　　　　　条
　　　　　个

　　 B : 不错 ! 　　　　　괜찮네요!
　　　　 太贵了 　　　　너무 비싸요!
　　　　 很便宜 　　　　아주 싸네요!

吃 chī 먹다 | **比萨饼** bǐsàbǐng 피자 | **坐** zuò 타다, 앉다 | **地铁** dìtiě 지하철 | **毛衣** máoyī 스웨터 | **条** tiáo 벌
(길고 가는 것을 세는 양사) | **牛仔裤** niúzǎikù 청바지 | **牛肉** niúròu 쇠고기 | **快** kuài 빠르다 | **慢** màn 느리다 |
不错 búcuò 알맞다, 괜찮다

종합연습문제

요 리 즐 기 기

자~ 오늘은 양념들이 재료에 쏙쏙 잘 배어들었는지 간을 보듯 함께 문제들을 풀어 볼까요?

1 나도 만화가 ~ 만화의 빈칸에 적당한 표현을 넣어 스토리를 완성해 보세요 ~

A : 이 바지 어때?

B : 예쁘다, 이 걸로 할래.

A : 아가씨, 이 바지 얼마예요?
C : 천 위안이에요.

A : 너무 비싸다.

2 녹음을 두 번 듣고 남자가 사려는 것은 무엇인지(1), 얼마를 내야 하는지(2) 알맞은 답을 골라 보세요.

(1) ① 两瓶啤酒　　② 一瓶啤酒　　③ 两个牛奶　　④ 一个牛奶

(2) ① 4 块 5 毛　　② 5 块 2 毛　　③ 9 块　　④ 10 块 4 毛

3 다음 주어진 어휘를 예쁘게 나열한 뒤, 멋있게 해석해 보세요.

(1) 这 / 怎么样 / 衣服 / 件 / ?

해석

(2) 买 / 两 / 牛奶 / 面包 / 一 / 和 / 个 / 。 / 我 / 要 / 盒

해석

4 그림을 보고 물건의 가격을 말해 보세요

(1) 2.5 元 / 听

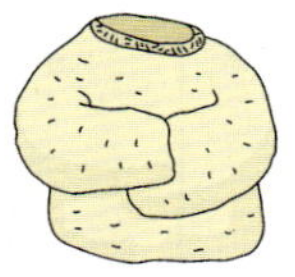

(2) 174 元 / 件

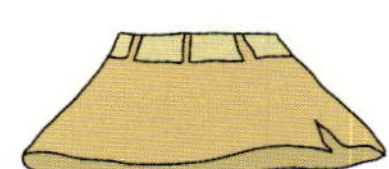

(3)150.2 元 / 条

(4) 3.6 元 / 瓶

(5) 32.8 元 / 本

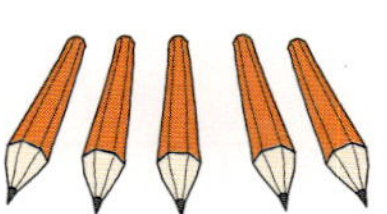

(6)1.3 元 / 枝

간체자 쓰기

후식으로 커피 한 잔

奶 嬭·nǎi
女 奶奶
奶 奶 奶 奶

包 bāo
丿 勹 勹 包
包 包 包 包

块 塊·kuài
一 十 土 圠 圽 块 块
块 块 块 块

共 gòng
一 十 廿 共 共
共 共 共 共

裤 褲·kù
衤 衤 衤 裤 裤
裤 裤 裤 裤

这 這·zhè
丶 亠 亍 文 文 这 这
这 这 这 这

衣 yī
丶 亠 亓 衣 衣
衣 衣 衣 衣

怎 zěn
丿 亇 午 乍 乍 怎 怎 怎
怎 怎 怎 怎

你要买什么?

바탕음 : Teddy bear

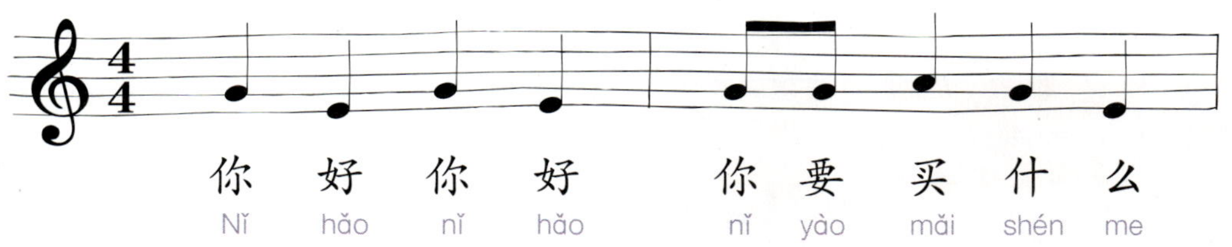

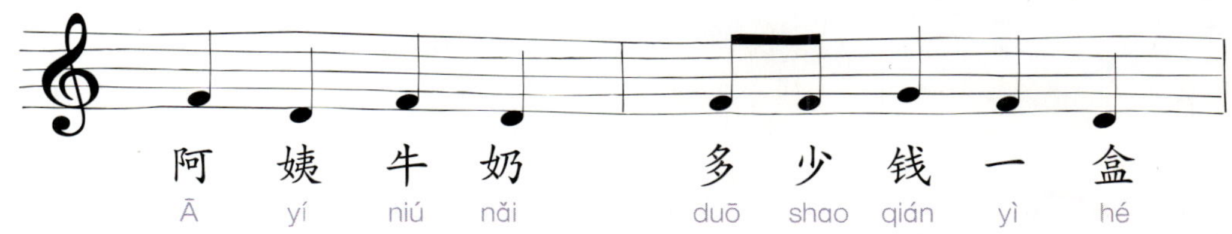

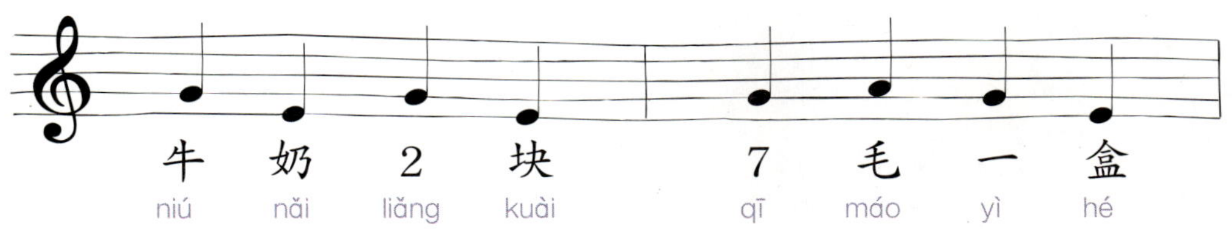

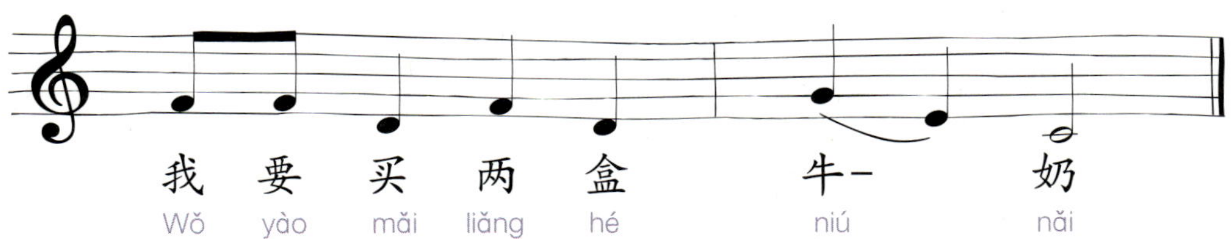

🥕 가사를 **바꿔** 불러요 ~

你好 你好 你要买什么　　면　面包 3 块钱一个
阿姨 面包 多少钱一个　　　　我要买一个面包

하나 사면 하나 더!- 중국의 시장

▲ '하나 사면 하나 더(买一送一)'를 내건
중국 까르푸 전단지

"시장" 하면, 채소와 과일을 파는 재래시장을 떠올리시나요? 오늘 이 쌤과는 이 '시장'을 '물건을 사고파는 곳'의 개념으로 정의하기로 해요.

중국에는 어떤 형태의 시장이 있을까요? 우선은 한국과 같이 재래시장이 있고, 소형 슈퍼마켓이 있고, 또 '家乐福(까르푸)', '易买得(이마트)' 등 대형 마켓, 백화점, 쇼핑몰, 그리고 인사동과 같은 '琉璃厂(유리창)', '番家园(번가원)' 등이 있어요. 중국의 재래시장은 한국과 별반 다를 것이 없어요. 채소나 과일의 종류가 아주 많고, 가격이 싸서 이 쌤은 중국에 있을 때 거의 매일 시장에 출근 도장을 찍었답니다. 사료 먹고 자란 닭의 계란은 1斤(500g)에 1元(130원 정도), 채소 먹고 자란 닭의 계란은 3元. 사람 머리만한 수박 한 통이 7元(한 여름엔 반 가격). 너무 너무 싸죠? ^^

슈퍼마켓, 까르푸나 이마트, 백화점은 한국과 거의 같은 모습을 하고 있는데, 특이한 점은 '买一送一'라는 문구가 적힌 상품이 많다는 거예요. 무슨 뜻이냐고요? '하나를 사면(买一), 하나를 증정한다(送一)'는 뜻으로, '덤'을 좋아하는 중국인들의 소비심리를 잘 이용한 마케팅 방법 중 하나랍니다.

백화점은 세일기간이 되면, '50% 세일'을 내세우기보다는, '买100送50(100元어치 사면, 50元어치 상품권)'라는 광고 문구로 소비자들을 유혹해서, 결국은 상품권을 주며 소비를 더 하도록 한답니다.

그런데 중국에서는 한국의 백화점이나 대형마켓에서 흔히 볼 수 있는 '포인트 제도'는 보기 힘들어요. 눈에 보이지 않는 '포인트'는 꼭 사람을 속이는 느낌을 주기 때문이라고 하네요~

8

过生日
생일 보내기

8주차 : 일곱 번째 요리

안녕하세요? 중국어를 시작한 지 벌써 두 달이 다 되어가네요~ 이제 중국어에 대한 감이 팍팍! 오시나요? 이번주는 '생일 보내기' 요리를 만들어 봐요^^

기본표현 익히기

친구의 생일이에요~~ 생일날 할 수 있는 기본적인 표현들로 재료 준비를
해 볼까요?

🌰 재료 **1**

쮸 니 셩 르 콰이 러

祝你生日快乐！ 생일 축하해!

Zhù nǐ　shēngrì kuàilè!

🌰 재료 **2**

워 커 이 다 카이 칸 칸 마

我可以打开看看吗？ 좀 열어 봐도 돼?

Wǒ kěyǐ　dǎkāi　kànkan　ma?

🌰 재료 **3**

니 더 셩 르 스 지 위에 지 하오

你的生日是几月几号？ 너의 생일은 몇 월 며칠이니?

Nǐ　de shēngrì shì jǐ　yuè jǐ　hào?

🌰 재료 **4**

워 더 셩 르 스 쓰 위에 빠 하오

我的生日是四月八号。 내 생일은 4월 8일이야.

Wǒ de　shēngrì shì　sì　yuè bā　hào.

1 祝你生日快乐!

직역하면 "생일 즐겁게 보내길 바래~"이니 "생일 축하해!"라는 말이 되겠죠? 간단히 "生日快乐!"라고도 해요.

어휘
祝 zhù ㅣ 빌다, 축원하다
生日 shēngrì ㅣ 생일
快乐 kuàilè ㅣ 즐겁다, 유쾌하다

2 我可以打开看看吗?

'可以'는 "가도 **돼요?**", "먹어도 **돼요?**"에서처럼 허가 · 허락에 의해서 어떤 행위를 해도 됨을 나타낼 때 그 동작 앞에 사알짝 붙여 준답니다. 부정형은 '不可以'예요.

어휘
可以 kěyǐ ㅣ ~해도 된다
打开 dǎkai ㅣ 열다

3 你的生日是几月几号?

「5주차–가족 소개」에서 어린아이에게 나이를 물을 때 "你几岁?"라고 한다는 것 배웠었죠? 이때 '몇'이라는 의미를 나타내는 '几'는 날짜를 물을 때도 쓰여요.

어휘
月 yuè ㅣ 월, 달
号 hào ㅣ 일, 날

4 我的生日是四月八号。

날짜 표현은 우리말과 거의 같아요. 다만 우리말의 '日 rì'는 중국어에서는 서면어에서 쓰이고, 구어에선 '号'로 말해요

오늘은 어제 배운 재료들을 이용해서 '생일 보내기' 요리를 본격적으로 해 보도록 하겠습니다.

朋友们 :
쮸 니 셩 르 콰이 러　리 훙　쩌 스 셩 르 리 우
祝你生日快乐，力宏！这是生日礼物。
Zhù nǐ shēngrì kuàilè, Lìhóng! Zhè shì shēngrì lǐwù.

王力宏 :
씨에 시에　워 커 이 다 카이 칸 칸 마　아　스 마오 즈
谢谢！我可以打开看看吗？啊！是帽子。
Xièxie! Wǒ kěyǐ dǎkāi kànkan ma? À! Shì màozi.

金优美 :
시 왕 니 시 환
希望你喜欢。
Xīwàng nǐ xǐhuan.

李 俊 :
이오우 메이　니 더 셩 르 스 지 위에 지 하오
优美，你的生日是几月几号？
Yōuměi, nǐ de shēngrì shì jǐ yuè jǐ hào?

金优美 :
워 더 셩 르 스 쓰 위에 빠 하오
我的生日是四月八号。
Wǒ de shēngrì shì sì yuè bā hào.

해석　친구들 : 생일축하해, 리훙! 이건 생일선물이야.

왕리훙 : 고마워! 좀 열어 봐도 돼? 와~ 모자네!

김유미 : 네 맘에 들길 바래.

리 쥔 : 유미야, 네 생일은 언제야?

김유미 : 내 생일은 4월 8일이야.

1 我可以打开看看吗?

동사를 중복하면 '좀 (동사) 하다'라는 의미가 되어 원래보다 가벼운 느낌이 나요. 한 글자로 이루어진 동사는 'AA' 형식이나 'A一A'으로 중첩할 수 있어요~ '看看'은 '看一看'으로 표현해도 OK!

2 啊! 是帽子。

선물을 받았을 때 "야!", "와~!", "아!" 하며 감탄사를 지르곤 하죠? 중국도 우리랑 비슷해요. '啊'는 감탄을 나타내는 조사랍니다.

3 希望你喜欢。

'希望'은 '~하기를 희망한다'라는 의미예요. '你喜欢(네가 맘에 들다)'이 뒤에 목적어로 왔으니 '네 맘에 들길 바래'라고 해석할 수 있겠네요~

어휘
礼物 lǐwù ｜ 선물

어휘
啊 à ｜ 감탄을 나타내는 조사
帽子 màozi ｜ 모자

어휘
希望 xīwàng ｜ 희망하다, 바라다
喜欢 xǐhuan ｜ 좋아하다, 맘에 들다

한걸음 더

연, 월, 일, 요일을 나타내는 표현

❶ 연도를 나타낼 때는?
숫자를 하나하나 읽어 주고 끝에 '年 nián'을 붙여 주세요~
2006 년 → 二零零六年 èr líng líng liù nián

❷ 달과 일을 나타낼 때는?
숫자를 읽어 주고 달은 '月', 일은 구어에서는 '号', 서면어에서는 '日'를 붙여 주세요~
1월 24일 → 一月二十四号 yī yuè èrshísì hào ／ 一月二十四日 yī yuè èrshísì rì

❸ 요일을 나타낼 때는?

월요일	화요일	수요일	목요일	금요일	토요일	일요일
星期一	星期二	星期三	星期四	星期五	星期六	星期天(星期日)
xīngqīyī	xīngqī'èr	xīngqīsān	xīngqīsì	xīngqīwǔ	xīngqīliù	xīngqītiān(xīngqīrì)

3rd day

Listening & Writing Drill

첫째날과 둘째날에 배웠던 표현들을 잊어버리지 않도록 반복해서 들으며 말하고, 또 써 보세요.

1 '3단계 속도 조절 연습(느리게 ➡ 빠르게)'을 할 거예요. 녹음 속도에 따라 읽고난 후 체크해 주세요.

(1) 생일 축하해!

(2) 좀 열어 봐도 돼?

(3) 네 맘에 들길 바래.

(4) 네 생일은 몇 월 며칠이야?

2 녹음을 듣고 중국어로 써 보세요.

(1) 빈칸 채우기를 해 보는 거예요～

① 祝你＿＿＿＿＿＿＿。

② 我＿＿＿＿打开＿＿＿＿＿吗?

③ ＿＿＿＿＿你＿＿＿＿＿。

④ 你的生日是＿＿＿＿＿＿?

(2) 자! 이제는 녹음을 잘 듣고 '통째 받아쓰기'를 해 보는 거예요～ 아잡!

① ＿＿＿＿＿＿＿＿＿＿＿＿＿＿＿＿＿＿＿＿

② ＿＿＿＿＿＿＿＿＿＿＿＿＿＿＿＿＿＿＿＿

③ ＿＿＿＿＿＿＿＿＿＿＿＿＿＿＿＿＿＿＿＿

④ ＿＿＿＿＿＿＿＿＿＿＿＿＿＿＿＿＿＿＿＿

플러스 **표현** 익히기

지난 3일간 배운 표현이 뭔가 부족하다고요? 싱거우면 양념을 넣어야죠~^^
오늘은 생일날 쓰일 수 있는 양념표현들을 더 배워 보겠습니다.

● 양념 1

씨에 시에 니 라이 웨이 워 꾸어 셩 르

谢谢你来为我过生日。 내 생일에 와 줘서 고마워.

Xièxie nǐ lái wèi wǒ guò shēngrì.

> **为** wèi ~하기 위해 | **过** guò 보내다
> 중국어로 '생일을 보내다'를 '过生日'라고 해요. 여기에는 생일파티를 하는 의미도 담겨있어요. 따라서 위의 문장은 '생일 파티에 와줘서 고맙다'라는 의미가 되겠죠?

● 양념 2

시엔 쉬 위엔   짜이 츄에이 라 쥬 바

先许愿，再吹蜡烛吧。 먼저 소원을 빌고 촛불을 부세요.

Xiān xǔyuàn, zài chuī làzhú ba.

> **先** xiān 먼저 | **许愿** xǔyuàn 소원을 빌다 | **蜡烛** làzhú 초
> '先…再~'는 '먼저 …하고 나서 ~하다'라는 뜻이에요~ 또, 마지막에 쓰인 '吧'는 '~하자', '~해라'라는 의미로 권유나 제안을 나타내는 조사랍니다.

● 양념 3

씽 치 쓰 스 워 더 셩 르

星期四是我的生日。 목요일은 내 생일입니다.

Xīngqīsì shì wǒ de shēngrì.

● 양념 4

찐 티엔 씽 치 지

今天星期几？ 오늘은 무슨 요일입니까?

Jīntiān xīngqī jǐ?

> **今天** jīntiān 오늘 | **星期** xīngqī 요일
> '몇'이라는 의미를 가지고 있는 '几'를 이용해 요일을 묻는 표현이에요. 대답할 때는 '星期○'와 같이 '○' 부분에 요일을 나타내는 표현을 넣어 간단하게 대답하면 돼요~

🥕 녹음을 따라하며 교체연습을 해 볼까요?

1 你可以 | 来我家 。

우리집에 와도 돼.

穿衣服

옷을 입어도 돼요.

回家

집에 돌아가도 좋아요.

2 你 问问(问一问) 吧。

한번 물어 봐.

看看(看一看)

한번 봐라.

听听(听一听)

한번 들어 봐.

试试(试一试)

한번 해 봐.

3 昨天 是我的生日。

어제는 내 생일이었어.

星期三

수요일은 내 생일이야.

明天

내일은 내 생일이야.

后天

모레는 내 생일이야.

4 先 许愿 ，再 吹蜡烛 吧。

먼저 소원을 빌고 나서 촛불을 부세요.

吃饭 喝咖啡

먼저 밥을 먹고 나서 커피를 마시자.

做作业 出去玩儿

먼저 숙제를 하고 나가 놀자.

来 lái 오다 | **穿** chuān 입다 | **回家** huí jiā 집으로 돌아가다 | **听** tīng 듣다 | **试** shì 시험 삼아 해보다 | **昨天** zuótiān 어제 | **明天** míngtiān 내일 | **后天** hòutiān 모레 | **吃饭** chī fàn 밥을 먹다 | **喝** hē 마시다 | **咖啡** kāfēi 커피 | **作业** zuòyè 숙제 | **出去** chūqù 나가다 | **玩儿** wánr 놀다

종합연습문제

자~ 오늘은 양념들이 재료에 쏙쏙 잘 배어들었는지 간을 보듯 함께 문제들을 풀어 볼까요?

1 나도 만화가 ~ 만화의 빈칸에 적당한 표현을 넣어 스토리를 완성해 보세요 ~

A : 생일이 언제야?

B : 5월 5일이야.

A : 무슨 선물을 가지고 싶어?

C : 내 생일은 오늘이야. 난 모자를 갖고 싶어!

2 녹음을 잘 듣고, 문제에 알맞은 답을 골라 보세요.

(1) 아버지의 생신은 몇 월 며칠인가요?
　① 5 月 4 号　　② 5 月 5 号　　③ 5 月 6 号　　④ 5 月 7 号

(2) 오늘은 무슨 요일인가요?
　① 星期三　　② 星期四　　③ 星期五　　④ 星期六

3 다음 문장의 동사를 중첩(AA 혹은 A ㅡA)하고 알맞게 해석해 보세요.

(1) 你看这本书。 →

해석

(2) 你猜(cāi 알아맞히다)这是什么？ →

해석

(3) 你穿这条裤子。 →

해석

4 다음 그림을 보고 그림과 설명이 일치하면 ○, 일치하지 않으면 ×를 표시하세요.

(1) 妈妈的生日是星期三。（　　）

(2) 后天是星期五。（　　）

(3) 5 月 23 号是星期一。（　　）

(4) 儿童节是星期五。（　　）
　■ értóngjié 어린이날

간체자 쓰기

礼　`丶ﾌ ﾈ ネ 礼`
禮 · lǐ

看　`二 チ 看 看 看`
kàn

帽　`冂 巾 帄 帽 帽`
mào

希　`ノ メ ㄨ 产 产 希 希`
xī

祝　`丶ﾌ ﾈ ネ 祝 祝`
zhù

号　`丨 口 口 묘 号`
號 · hào

许　`丶 讠 订 讠 许 许`
許 · xǔ

蜡　`虫 蛡 蛡 蜡 蜡`
蠟 · là

祝你生日快乐

바탕음 : 생일송

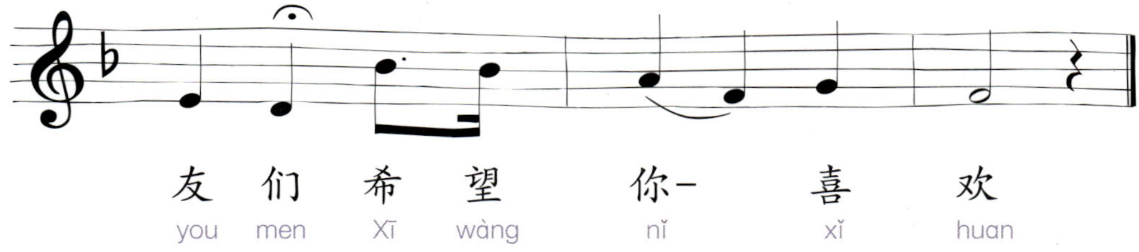

중국인의 이성교제

중국의 젊은 연인들은 무얼하며 노는지, 기념일은 챙기는지… 와~ 너무너무 궁금하죠? Q&A로 한번 알아 볼까요?

Q_1 한국 커플들처럼 기념일을 챙기나요?

A_1 중국 연인들 사이에는 '100일', '200일', '1년' 등의 기념일에 대한 인식이 별로 없어요. 연인들 사이에서 가장 큰 기념일이자 유일한 기념일이라고 한다면, 칭런졔(情人节-발렌타인데이)를 들 수 있답니다. 중국은 2월 14일을 '연인들의 날'이라고 해서 사랑하는 사람들이, 혹은 사랑을 고백하려는 사람들이 꽃과 선물(휴대전화, MP3 등)을 상대방에게 준답니다.

▲ 길거리에서도 거침없이 애정표현을 하는 연인들

Q_2 데이트 비용은 누가 부담하나요?

A_2 데이트 비용은 남자, 여자 각각 돈을 똑같이 내서 하나의 통장을 만들어 함께 사용하곤 한답니다. 물론, 헤어질 때도 쿨하게 똑같이 나눠 갖고요~

Q_3 데이트를 하는 장소는 주로 어떤 곳인가요?

A_3 한국의 젊은 연인들이 영화 보고, 커피숍에서 커피를 마시고, 노래방이나 놀이동산엘 가듯, 중국의 젊은 연인들 또한 그래요. 또, 중국에는 우리처럼 '찜질방' 문화는 없지만, 그에 상응하는 '수영장' 문화가 있답니다. 하루 종일 수영장에서 수영도 하고 사우나도 하고, 밥도 먹고, 휴식도 취한다고 하네요~

Q_4 중국 젊은이들의 애정표현 정도는?

A_4 중국 연인들은 때와 장소를 가리지 않는 과감한 애정표현으로 유명하답니다. 주변 사람들을 아랑곳 않고 서로 꼭 껴안고 입을 맞추고 있는 모습을 자주 보게 되거든요.

看电影

영화 보기

9주차 : 여덟 번째 요리

여러분~ 안녕하세요? 세 번째 달 첫 번째 요리 시간입니다~
이번 시간엔 '영화 보기' 요리에 도전하려고 합니다. 좋은 재료와 양념으로 즐거운 요리 시간을 가져 볼까요?

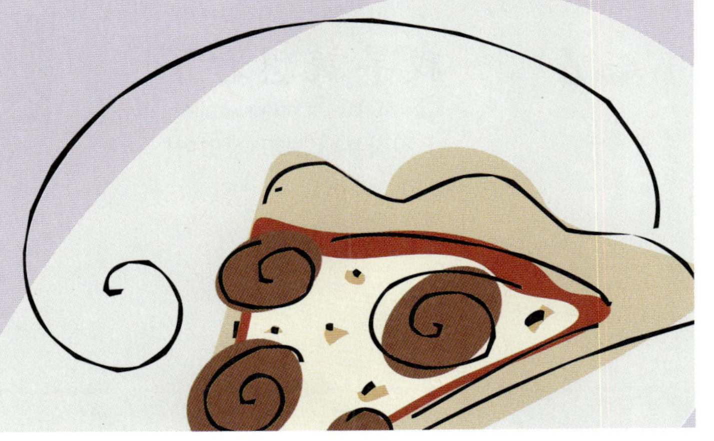

기본표현 익히기

재 료 준 비

오늘은 '영화 보기'로 대화를 나누기 위한 기본재료를 배워 보겠습니다. 어떤 재료들이 필요할까요?

재료 **1**

시엔 짜이 지 디엔

现在几点？
Xiànzài jǐ diǎn?

지금 몇 시야?

재료 **2**

시엔 짜이 스 알 디엔 빤

现在十二点半。
Xiànzài shí'èr diǎn bàn.

지금은 12시 반이야.

재료 **3**

팅 슈어 나 뿌 피엔 즈 팅 여우 이 쓰 더

听说那部片子挺有意思的。
Tīngshuō nà bù piānzi tǐng yǒuyìsi de.

그 영화 정말 재미있다고 하더라.

재료 **4**

워 짜오 찌우 샹 칸 러

我早就想看了！
Wǒ zǎojiù xiǎng kàn le!
난 진작부터 보고 싶었어!

1 现在几点?

시간을 물을 때 쓰는 표현입니다.
「4주차–주문하기」에서 '주문하다'라는 뜻으로 배운 '点'이 여기선 '시'를 나타내는 명사로 쓰였네요~ '분'은 우리말과 같이 '分'을 써요.

예 5시 10분 → 5点 10分

> **어휘**
> **现在** xiànzài │ 지금
> **点** diǎn │ 시(時)

2 现在十二点半。

중국어에는 우리말과 비슷한 표현이 많아요. 우리도 '12시 반' 하잖아요. 중국어에서도 이 '반(30분)'을 半'이라고 한답니다.

> **어휘**
> **半** bàn │ 반, 30분

3 听说那部片子挺有意思的。

"너 중국에 간다고 **하더라**", "네 남자친구 참 잘생겼다고 **하더라**"에서처럼 다른 사람에게 들은 내용을 말할 때 「听说…」를 써요~ '…' 부분에 제3자에게 들은 내용이 온답니다.
「挺…的」는 '대단히 ~하다' 라는 의미를 나타낼 때 쓰는 고정형식이에요~ '的' 는 생략해도 돼요~^^

> **어휘**
> **听说** tīngshuō │ 듣자하니 ~라고 하더라
> **部** bù │ 서적·영화 등을 세는 단위
> **片子** piānzi │ 영화
> **挺** tǐng │ 매우, 아주, 대단히
> **有意思** yǒuyìsi │ 재미있다

4 我早就想看了!

"밥 먹고 **싶어**", "옷 사고 **싶어**"에서와 같이 주관적인 바람을 나타낼 때 동사 앞에 '想'을 써요~

> **어휘**
> **早就** zǎojiù │ 일찍이, 진작
> **想** xiǎng │ ~하고 싶다

오늘은 어제 준비한 재료들을 이용해서 '영화 보기' 요리를 본격적으로 해 보도록 하겠습니다.

王力宏 :
시엔 짜이 지 디엔
现在几点？
Xiànzài jǐ diǎn?

金优美 :
시엔 짜이 스 알 디엔 빤
现在十二点半。
Xiànzài shí'èr diǎn bàn.

王力宏 :
나 머 짠 먼 칸 찐 깡 바   샤 우 이 디엔 카이 스
那么咱们看金刚吧。 下午一点开始。
Nàme zánmen kàn Jīngāng ba. Xiàwǔ yì diǎn kāishǐ.

金优美 :
팅 슈어 나 뿌 피엔 즈 팅 여우 이 쓰 더   워 짜오 찌우 샹 칸 러
听说那部片子挺有意思的。 我早就想看了。
Tīngshuō nà bù piānzi tǐng yǒuyìsi de. Wǒ zǎojiù xiǎng kàn le.

王力宏 :
뚜이 마이 퍄오 위엔   찐 깡   이 디엔 더   량 짱
(对卖票员)金刚， 一点的， 两张！
(Duì màipiàoyuán) Jīngāng, yì diǎn de, liǎng zhāng!

해석　왕리홍 : 지금 몇 시야?

김유미 : 지금 12시 반이야.

왕리홍 : 그러면 우리 킹콩 보자. 오후 1시에 시작하네.

김유미 : 그 영화 아주 재미있다고 하더라. 나는 벌써부터 보고 싶었어.

왕리홍 : (매표원에게) 킹콩 1시 영화 2장이요.

1 那么咱们看金刚吧。下午一点开始。

여기서 '吧'는 '~하자'라는 의미로 제안·권유를 나타내요. 「6주차-장소 묻기」에서 배운 '吧'는 '~지?'라는 의미로 추측을 나타낸다고 했었죠?

> 예 킹콩 보자 → **看金刚吧!**
>
> 맞지? → **对吧?**

어휘

那么 nàme ㅣ 그러면

咱们 zánmen ㅣ 우리

金刚 Jīngāng ㅣ 킹콩(영화명)

下午 xiàwǔ ㅣ 오후 ↔

上午 shàngwǔ ㅣ 오전

开始 kāishǐ ㅣ 시작하다

2 (对卖票员)金刚，一点的，两张!

'그는 나에게 말했다'에서처럼 동작이 향하는 대상을 나타낼 때 '对…'를 써요. '…' 자리에 동작의 대상을 넣으면 된답니다~ 또, '一点的' 뒤에는 내용상 '电影票(영화표)'가 생략된 거예요. 앞에서 언급했거나 혹은 언급하지 않았다 해도 상대방이 알고 있는 것이라면 '的'를 써서 뒤에 나오는 명사를 생략할 수 있답니다~^^

어휘

对 duì ㅣ ~에게, ~을 향하여

卖票员 màipiàoyuán ㅣ 매표원

张 zhāng ㅣ 장(종이 등 넓은 표면을 가진 물건을 세는 단위)

한걸음 더

시간을 나타내는 표현

❶ '시'는 '点'
   2시 → 两点 liǎng diǎn

❷ '분'은 '分'
   3시 10분 → 三点十分 sān diǎn shí fēn
   * '15분'은 '一刻 yí kè' 5시 15분 → 五点一刻 wǔ diǎn yí kè
   * '30분'은 '半' 　　 5시 30분 → 五点半 wǔ diǎn bàn

❸ '~(분) 전'은 '差 chà'
   '差'는 '모자라다'라는 뜻으로, 시간 앞에 쓰여서 'O시에서 O분 **모자라다**' 즉, 우리말의 '~시 ~(분) 전'이라고 표현할 때 쓰여요~
   9시 55분 → 差五分十点 chà wǔ fēn shí diǎn

Listening & Writing Drill

오늘은 이틀간 배웠던 회화를 듣고, 따라하고, 쓰고, 눈으로 익혀 복습하는 시간을 갖겠습니다.

1 '3단계 속도 조절 연습(느리게 ➡ 빠르게)'을 할 거예요. 녹음 속도에 따라 읽고난 후 체크해 주세요.

(1) 지금 몇 시야?

(2) 지금은 12시 30분이야.

(3) 그러면 우리 킹콩 보자.

(4) 그 영화 아주 재미있다고 하더라.

2 녹음을 듣고 중국어로 써 보세요.

(1) 빈칸 채우기를 해 보는 거예요~

① 现在______点？

② 现在__________。

③ __________一点__________。

④ __________那部__________挺______________的。

(2) 자! 이제는 녹음을 잘 듣고 '통째 받아쓰기'를 해 보는 거예요~

① ____

② ____

③ ____

④ ____

⑤ ____

플러스 **표현** 익히기

양 념 넣 기

오늘은 중국인 친구와 영화관에 갔을 때 유용하게 쓰일 수 있는 양념
표현들을 더 배워 보겠습니다~

● 양념 **1**

니 샹 칸 나 뿌 띠엔 잉
你想看哪部电影？ 무슨 영화 보고 싶어?
Nǐ xiǎng kàn nǎ bù diànyǐng?

▌ **哪** nǎ 어느, 어떤, 어디
「6주차–장소 묻기」에서 배운 '哪' 기억나시죠? 그때는 '어느 곳'이라는 의미의 '哪儿'로 쓰였었죠. 이
'哪'는 뒤에 명사를 수식해 '어느 ○○'라고 표현하기도 해요~

● 양념 **2**

워먼 칸 비에 더 바
我们看别的吧！ 우리 다른 거 봐요!
Wǒmen kàn biéde ba!

▌ **别的** biéde 다른 것
여기서 '的'는 명사형을 만들어 주는 표현입니다. '～한 것'이라는 의미가 되지요.

● 양념 **3**

시엔 마이 빠오 미 화 허 커 러
先买爆米花和可乐！ 먼저 팝콘이랑 콜라 사자!
Xiān mǎi bàomǐhuā hé kělè!

▌ **爆米花** bàomǐhuā 팝콘

● 양념 **4**

칭 닌 취에 런 스 찌엔 허 쭈어 웨이
请您确认时间和座位。 시간과 좌석을 확인하세요.
Qǐng nín quèrèn shíjiān hé zuòwèi.

▌ **确认** quèrèn 확인하다 ┃ **时间** shíjiān 시간 ┃ **座位** zuòwèi 좌석

🥕 녹음을 따라하며 교체연습을 해 볼까요?

1 我想 | 喝咖啡 。　　　　　　난 커피를 마시고 싶어.
　　　　看中国电影　　　　　　난 중국영화를 보고 싶어.
　　　　听音乐　　　　　　　　난 음악을 듣고 싶어.
　　　　去动物园　　　　　　　난 동물원에 가고 싶어.

2 A : 现在几点？　　　　　　　지금 몇 시야?

　　B : 现在 七 点 一刻 。　　　7 시 15 분이야.
　　　　　　　六　　半　　　　　6 시 30 분이야.
　　　　　　　十一　二十五分　　11 시 25 분이야.

3 听说 | 这本小说很有意思 。　이 소설 아주 재미있다고 하더라.
　　　　她是美国人　　　　　　그녀는 미국인이라고 하더라.
　　　　你每天看电影　　　　　넌 매일 영화를 본다고 하더라.
　　　　他们已经分手了　　　　걔네들 벌써 깨졌다고 하더라.

4 她　　挺 漂亮 的。　　　　그녀는 아주 예쁘다.
　　你的房间　　干净　　　　　네 방은 아주 깨끗하다.
　　这件衣服　　好看　　　　　이 옷은 아주 보기 좋다.

中国 Zhōngguó 중국 ｜ **音乐** yīnyuè 음악 ｜ **动物园** dòngwùyuán 동물원 ｜ **小说** xiǎoshuō 소설 ｜ **美国人** měiguórén 미국인 ｜ **每天** měitiān 매일 ｜ **已经** yǐjing 이미 ｜ **分手** fēnshǒu 이별하다 ｜ **房间** fángjiān 방 ｜ **干净** gānjìng 깨끗하다 ｜ **好看** hǎokàn 아름답다, 보기 좋다

종합연습문제

첫날부터 어제까지 재료준비를 하고 요리를 만들었어요. 자~오늘은
'영화보기' 요리를 즐겨 볼까요?

1 나도 만화가 ~ 만화의 빈칸에 적당한 표현을 넣어 스토리를 완성해 보세요 ~

A : 말씀 좀 물을게요. 지금 몇 시예요?
B : 3 시 15 분이에요.

A : 정말 예쁘시네요!
B : 고마워요!

A : 시간 있으세요? 우리 영화 봐요!

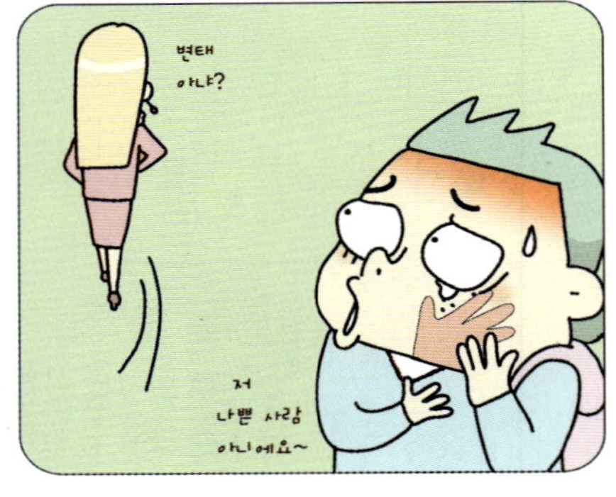

2 녹음을 두 번 듣고, 질문에 알맞은 답을 골라 보세요.

(1) 대화가 이루어지고 있는 장소는 어디인가요?
　① 商店　　　　② 电影院　　　③ 学校　　　④ 图书馆

(2) 그들은 몇 시 영화를 보나요?
　① 3点10分　　② 2点半　　　③ 5点50分　　④ 8点

3 다음 한국어 문장을 중국어로 옮겨 놓았어요. 빠진 단어가 있으면 다음 제시어에서 골라
알맞은 위치에 넣어 보세요.

제시어　　　那么　　　早就　　　挺…(的)　　　先　　　听说　　　想

(1) 나는 롯데월드에 가고 싶습니다.
→ 我去乐天世界。
■ Lètiān Shìjiè 롯데월드

(2) 그러면 우리 다른 음식으로 먹자.
→ 我们吃别的菜吧。

(3) 내일이 유미의 생일이래.
→ 明天是优美的生日。

(4) 우리 아빠는 매일 아주 바빠요.
→ 我爸爸每天忙。

4 다음 시계의 시간과 일치하는 중국어 시간표현끼리 알맞게 이어 보세요.

(1)

(2)

(3)

(4)
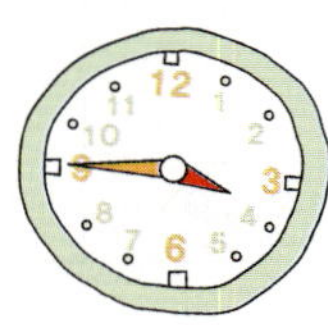

① 三点四十五分　　② 十一点半　　③ 差五分六点　　④ 四点一刻

간체자 쓰기

现	一 二 干 王 到 到 现 现	现 现 现 现

现 · xiàn

半	丷 半 半 半	半 半 半 半

bàn

刚	丨 冂 刀 刚 刚 刚	刚 刚 刚 刚

刚 · gāng

开	一 二 开 开	开 开 开 开

開 · kāi

说	丶 讠 讠 讠 讪 说 说 说	说 说 说 说

說 · shuō

卖	一 十 卖 卖 卖 卖 卖 卖	卖 卖 卖 卖

賣 · mài

电	丨 冂 冂 日 电	电 电 电 电

電 · diàn

影	冂 日 昙 界 景 景 影	影 影 影 影

yǐng

现在几点？

바탕음 : Humpty Dumpty

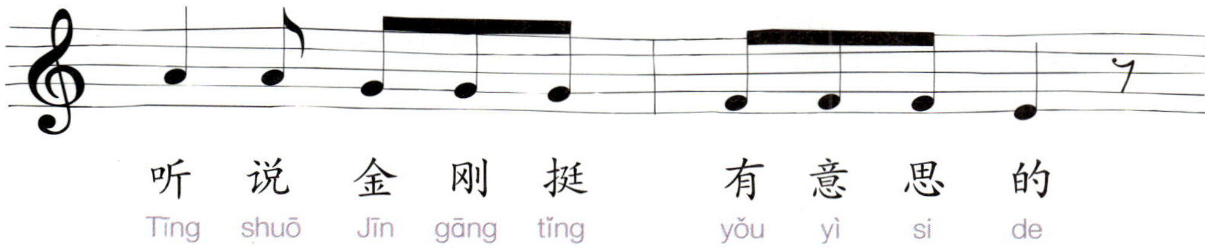

중국의 영화관

Q₁ 중국 영화관에서도 매일 영화상영을 하나요?

A₁ 그럼요~ 한국처럼 1관, 2관, 3관 등으로 나누어서 여러 편의 영화를 상영한답니다~

Q₂ 중국에도 멀티플렉스 영화관이 있나요?

A₂ 있긴 있어요. 그런데 한국은 '메가박스', 'CGV', '롯데시네마' 같은 극장들이 전국 각지에 프랜차이즈를 두고 있는 반면에, 중국은 도시마다 다르고, 극장이 그렇게 많지는 않답니다. 예전엔 국영이었고, 지금은 개인이 극장을 운영하지만, 아직 국가의 통제를 받기 때문에, 극장업이 그리 성행하지 못했답니다. 극장업이 부진한 원인은 여러 가지가 있을 수 있는데, DVD 가격이 너무 싼 것이 가장 큰 원인이에요. 중국은 극장 상영과 DVD 출시가 동시에 이루어지거든요.

▲ 중국 충칭(重庆)시의 한 영화관 외관

Q₃ 영화 한 편 당 얼마인가요?

A₃ 영화마다, 극장마다 달라요. 영화별로 보자면, '타이타닉', '해리포터', '반지의 제왕' 같은 스케일이 큰 외화는 50위안~100위안 정도로 비싸지만, 국산(중국) 영화나 홍콩 영화는 30위안 정도 한답니다.

Q₄ 관람 할인은 있나요?

A₄ 조조할인, 점심시간 할인, 심야할인 다 있답니다. 단체할인도 있는데, 10장 이상 사면 할인을 해 줘요. 또, 중국에는 특이한 학생할인이 있어요. 방학을 하면 국가에서 각 초·중·고등학교에 영화 우대권(표)을 배부해서, 각 반의 선생님들로 하여금 학생들에게 판매하도록 한답니다. 장당 20위안 정도 하는 우대권으로 방학 내내 학교에서 지정해 준 영화관에서 5번 정도 영화를 볼 수 있게 하는데, 이는 학생들의 문화적 소양을 높이기 위함이랍니다.

10

看病

진찰 받기

10주차 : 아홉 번째 요리

아플 때가 가장 서럽죠? 이번주에는 아플 때 꼭 필요한 '진찰 받기' 요리를 배워 보려고 합니다. 준비 다 됐나요? ^^
그럼, 지금부터 함께 빠져 봅시다~

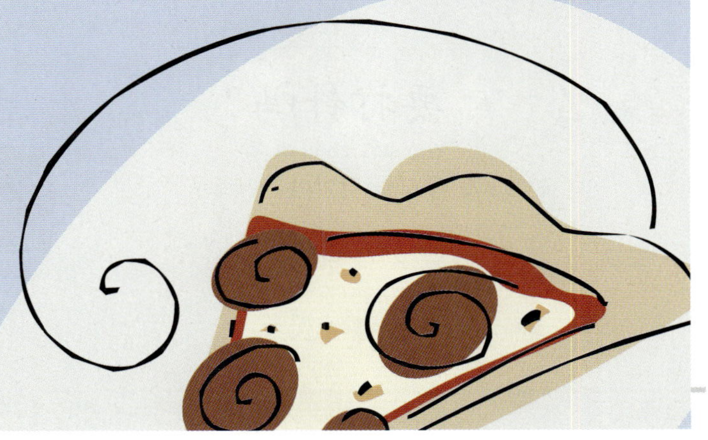

기본표현 익히기

재 료 준 비

'진찰 받기' 요리의 첫째날입니다. 병원에서 할 수 있는 회화의 기본재료를 준비해 볼까요?

재료 1

닌 날 뿌 슈 푸

您哪儿不舒服？ 어디가 아프세요?

Nín nǎr bù shūfu?

재료 2

워 토우 텅　　커 쏘우　리오우 비 티

我头疼、咳嗽、流鼻涕。

Wǒ tóuténg、 késou、 liú bítì.

머리가 아프고, 기침이 나고, 콧물이 나와요.

재료 3

닌 더 더 스 간 마오

您得的是感冒。 당신은 감기에 걸렸어요.

Nín dé de shì gǎnmào.

재료 4

야오 다 쩐 마

要打针吗？

Yào dǎ zhēn ma?

주사를 맞아야 하나요?

1　您哪儿不舒服？

병원에서 단골로 듣게 되는 표현입니다. 직역하면 '어디가(哪儿) 불편하세요(不舒服)?' 정도의 뜻으로 어디가 아프냐고 물을 때 하는 표현이에요~ "你怎么了? Nǐ zěnme le?"라고 간단히 묻기도 해요!

어휘

舒服 shūfu ｜ 편안하다

2　我头疼、咳嗽、流鼻涕。

아플 때 볼 수 있는 증상들이네요~~ '疼'은 '아프다'라는 뜻으로 앞에 '팔', '다리', '머리', '어깨' 등등의 기관이 와서 '~가 아프다'라는 표현을 할 수 있어요.

어휘

头疼 tóuténg ｜ 두통, 머리가 아프다

咳嗽 késou ｜ 기침(하다)

流 liú ｜ 흐르다

鼻涕 bítì ｜ 콧물

3　您得的是感冒。

'得'가 '얻다'라는 뜻이니 뒤에 '감기'가 오면 감기를 얻다, 즉 '감기에 걸리다(得感冒)'라는 의미가 되겠죠? 사실 '感冒' 자체에도 '감기에 걸리다'라는 의미가 있어서 "你感冒了(감기에 걸리셨군요)"라고 말하기도 해요~

어휘

得 dé ｜ 얻다, 획득하다

感冒 gǎnmào ｜ 감기(에 걸리다)

4　要打针吗？

「7주차-물건 사기」에서 '要'는 '~하려 한다', '~하고 싶다'라는 의미의 조동사라고 배웠죠? 여기서는 '~해야 한다'라는 의미로 당위성을 나타내는 조동사로 쓰였어요.

어휘

打针 dǎ zhēn ｜ 주사를 놓다

두 번째 날이에요~ 오늘 리쥔이 어디 아픈가 봐요. 병원에 왔네요. 자~ 리쥔과 의사 선생님의 대화를 한번 볼까요?

大　夫 :　您哪儿不舒服？
닌 날 뿌 슈 푸
Nín nǎr bù shūfu?

李　俊 :　我头疼、咳嗽、流鼻涕。
워 토우 텅　커 쏘우　리오우 비 티
Wǒ tóuténg, késou, liú bítì.

大　夫 :　给您量一下体温。哎哟，还有点儿发烧！
게이 닌 리앙 이 샤 티 원　아이 요　하이 여우 디알 파 샤오
Gěi nín liáng yíxià tǐwēn. Āiyō, hái yǒudiǎnr fā shāo!

您得的是感冒。
닌 더 더 스 간 마오
Nín dé de shì gǎnmào.

李　俊 :　要打针吗？
야오 다 쩐 마
Yào dǎ zhēn ma?

大　夫 :　不用。按时吃药、多喝点儿水就会好的。
부 용　안 스 츠 야오　뚜어 허 디알 슈에이 지우 후에이 하오 더
Bú yòng. Ànshí chī yào, duō hē diǎnr shuǐ jiù huì hǎo de.

해석　의사 : 어디가 아프세요?

리쥔 : 머리가 아프고, 기침이 나고, 콧물이 나요.

의사 : 체온 한번 재 봅시다. 이런, 아직도 열이 좀 나네요! 감기에 걸리셨어요.

리쥔 : 주사를 맞아야 하나요?

의사 : 그럴 필요는 없어요. 시간 맞춰서 약 먹고, 물 많이 마시면 곧 나을 거예요.

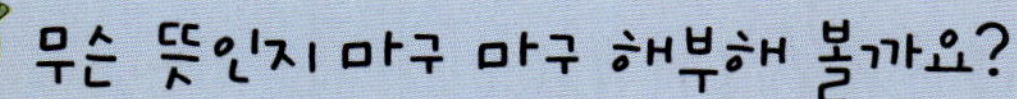 

1 给您量一下体温。

「4주차–주문하기」에서 "메뉴판 좀 갖다 주세요~"라고 할 때 '给'가 쓰였죠? 그때는 '~에게 ~을 주다'라는 의미의 동사로 쓰였는데, 여기서는 '~에게'라는 의미로 동작이 행해지는 대상 앞에 놓여요~ 또 '一下'는 동사 뒤에서 「○一下」형식으로 쓰여 동작이 가볍게 일어남을 나타내요.

> 예 **量一下** 좀 재다   **看一下** 좀 보다

어휘

给 gěi | ~에게

量 liáng | 재다

一下 yíxià | 좀 ~해 보다

体温 tǐwēn | 체온

大夫 dàifu | 의사

2 哎哟，还有点儿发烧!

'哎哟'는 놀람이나 고통, 안타까움을 나타내는 감탄사예요~ "아이고! 아파라!", "앗! 뜨거!" 등의 표현에 쓰인답니다.
또, '有(一)点儿'은 「有点儿○」형식으로 쓰이며, 주로 동사나 형용사 앞에 와서 뭔가 만족스럽지 않음을 나타내요.

> 예 좀 비싸다 → **有(一)点儿贵**
> 　　좀 빠르다 → **有(一)点儿快**

어휘

哎哟 āiyō | 어머나! 이런!

有(一)点儿 yǒu(yì)diǎnr | 조금, 약간

发烧 fā shāo | 열이 나다

3 不用。

"약을 먹어야 하나요?", "약을 먹을 필요는 없어요."에서처럼 '要(~해야 한다)'의 부정 표현으로는 '不要'가 아니라 '不用'을 써요. 이 문장에서는 뒤에 '打针'이 생략되어 있어요.

어휘

不用 bú yòng | ~할 필요가 없다

4 按时吃药、多喝点儿水就会好的。

'会'는 '~할 것이다'라는 의미로 동사 앞에 쓰여 가능이나 실현을 나타내요~ 또, '一点儿'은 '조금(의)'라는 뜻의 관형어로 명사 앞에 쓰인답니다.

어휘

按时 ànshí | 제시간에

吃药 chī yào | 약을 먹다

水 shuǐ | 물

就 jiù | 곧, 즉시

会 huì | ~할 것이다

好 hǎo | 좋아지다

Listening & Writing Drill 

오늘은 이틀간 배웠던 회화를 듣고 따라하고 쓰고 눈으로 익혀 복습하는 시간을 갖겠습니다.

1 '3단계 속도 조절 연습(느리게 ➡ 빠르게)'을 할 거예요. 녹음 속도에 따라 읽고난 후 체크해 주세요.

(1) 어디가 아프십니까?   

(2) 두통에, 기침에, 콧물이 흘러요.   

(3) 체온을 한번 재 보겠습니다.  

(4) 제때 약을 먹고 물을 많이 마시면
곧 나을 거예요. 

2 녹음을 듣고 중국어로 써 보세요.

(1) 빈칸 채우기를 해 보는 거예요~

① 您________不________？

② 还________发烧！您________是感冒。

③ ________打针吗？

④ ________。________吃药、多喝点儿水________的。

(2) 자! 이제는 녹음을 잘 듣고 '통째 받아쓰기'를 해 보는 거예요~

① ____

② ____

③ ____

④ ____

플러스 **표현** 익히기

양 념 넣 기

자, 오늘은 몇 가지 양념 표현들을 더 익혀 '진찰 받기' 요리를 완성해
봅시다~!!

● 양념 **1**

따오 이 위엔 취 러
到医院去了。 병원에 갔어요.
Dào yīyuàn   qù le.

> **到** dào 도착하다, 이르다 ┃ **医院** yīyuàn 병원
> '~에 가다'라는 표현을 할 때 「到+장소+去」 형식을 쓰기도 해요~ 따라서 '도서관에 가다'라고 하면
> '到图书馆去'가 되겠죠?

● 양념 **2**

워 주어 티엔 완 샹 카이 스 뿌 슈 푸
我昨天晚上开始不舒服。 어제 저녁부터 아프기 시작했어요.
Wǒ zuótiān wǎnshang kāishǐ   bù shūfu.

> **晚上** wǎnshang 저녁, 밤

● 양념 **3**

타 쇼우 샹 러
他受伤了。 그가 다쳤어요.
Tā shòu shāng le.

> **受伤** shòu shāng 상처를 입다, 부상을 당하다

● 양념 **4**

니 하오 디알 러 마
你好点儿了吗? 좀 좋아지셨어요?
Nǐ hǎodiǎnr le ma?

> '好'는 여기서 '좋아지다'라는 뜻의 동사로 쓰였어요~ 이에 대한 대답으로는 보통 "많이 좋아졌어요"
> 즉 "好多了" 혹은 "좀 좋아졌어요" 즉 "好一点儿" 등으로 말할 수 있어요.
> 둘째날에 '(一)点儿'이 '조금'이라는 뜻으로 명사 앞에 쓰인다고 배웠었죠? 한 가지 더! '(一)点儿'
> 은 위 문장에서처럼 형용사 뒤에 쓰여 '조금 더'라는 의미를 나타내기도 한답니다.
> 好(좋아지다)+点儿(조금 더)+了(되었다)

🥕 녹음을 따라하며 교체연습을 해 볼까요?

1 A : 您哪儿不舒服？　　　　어디가 아프십니까?

   B : 我 肚子很痛 。　　　　배가 아주 아파요.

       拉肚子　　　　　설사를 해요.

       消化不良　　　　소화불량이에요.

2 请 看 一下。　　　　한번 보세요.

     听　　　　　　한번 들어 보세요.

     研究　　　　　좀 검토해 보세요.

3 A : 要 唱歌 吗？　　　　노래를 불러야 하나요?

      住院　　　　　입원해야 하나요?

      打电话　　　　전화해야 하나요?

      手术　　　　　수술해야 하나요?

   B : 不用。　　　　그럴 필요 없어요.

4 他会 来 。　　　　그는 올 것이다.

     迟到　　　　　그는 지각할 것이다.

     忘记　　　　　그는 잊어버릴 것이다.

肚子 dùzi 배 | **痛** tòng 아프다 | **拉肚子** lā dùzi 설사하다 | **消化** xiāohuà 소화(하다) | **良** liáng 좋다 | **研究** yánjiū 논의하다, 검토하다 | **唱歌** chàng gē 노래를 부르다 | **住院** zhù yuàn 입원하다 | **打电话** dǎ diànhuà 전화를 걸다 | **手术** shǒushù 수술하다 | **迟到** chídào 지각하다 | **忘记** wàngjì 잊어 버리다

종합연습문제

자~ 오늘은 여러 가지 재료와 양념들이 요리에 쏙쏙 잘 배어들었는지 간을 보도록 합니다.

1 나도 만화가 ~ 만화의 빈칸에 적당한 표현을 넣어 스토리를 완성해 보세요 ~

A : 엄마, 오늘 머리가 아프고 열이 나요.

B : 그래? 병원에 가자꾸나!

B : 주사를 맞고 약을 먹으면 나을 거야!

A : 학교에 가야겠어요.

2 녹음을 두 번 듣고, 문제에 알맞은 답을 골라 보세요.

(1) 대화가 이루어지고 있는 장소는 어디인가요?
　① 商店　　　② 药店　　　③ 医院　　　④ 图书馆

(2) 여자가 아프다고 언급한 증상이 아닌 것은 무엇인가요?
　① 头疼　　　② 流鼻涕　　　③ 咳嗽　　　④ 发烧

3 다음 한국어 문장을 중국어로 옮겨 놓았어요. 빠진 단어가 있으면 다음 제시어에서 골라 알맞은 위치에 넣어 보세요.

제시어   要   一下   会   到   好   给

(1) 그녀는 이 선물을 좋아할 거야.
→ 她喜欢这个礼物。

(2) 저녁 8시에 "미안하다, 사랑한다" 봐야 해.
→ 晚上八点我看 "对不起，我爱你"。
■ ài 사랑하다

(3) 이 음식 맛 좀 보세요.
→ 您尝这个菜。
■ cháng 맛보다

(4) 그는 오지 않을 것이다.
→ 他不来。

4 다음 그림에 나타난 병의 증상을 중국어로 표현해 보세요.

(1)

(2)

(3)

(4)

鼻　冂 甼 皀 鼻 鼻
bí

发　一 丆 步 发 发
發 · fā

烧　丶 丷 ナ 火 炉 炉 烧 烧
烧 · shāo

针　ノ 钅 针
針 · zhēn

按　扌 扌 护 按
àn

时　丨 冂 日 日 旷 时 时
時 · shí

医　一 匚 匚 医 医 医 医
醫 · yī

伤　丿 亻 亻 伔 伤 伤
傷 · shāng

您哪儿不舒服？

바탕음 : Marry had a little lamb

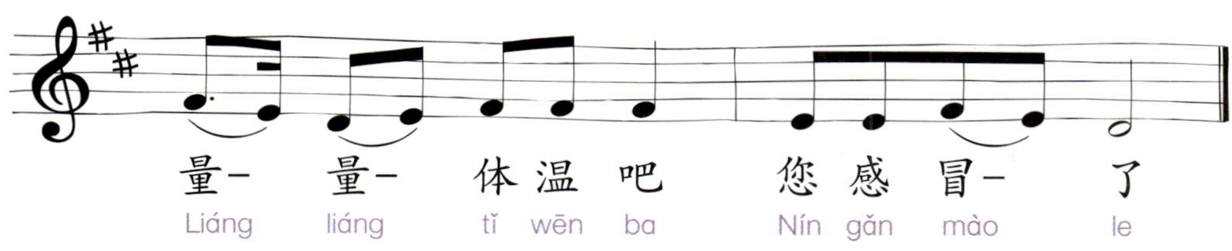

🥕 가사를 **바꿔** 불러요 ~

大夫 我要打针吗 不用 不用
按时吃药 多喝水 就会好的

숫자에 담긴
중국어 의미

예전에 삐삐를 사용하던 시절 우리도 숫자를 쳐서 뜻을 전달하곤 했었죠. 좋아하는 사람에겐 0404를, 싫어하는 사람에겐 4444를 말예요~

중국에서는 핸드폰 문자에 숫자를 사용해 의미를 전달하는데, 종류가 정말 다양하답니다~

▲ 중국인들이 즐겨 이용하는 문자메시지

(1) 사랑과 이별

521(우얼이) = 我爱你(워아이니 – 난 너를 사랑해)

7758(치치우빠) = 亲亲我吧(친친워바 – 내게 뽀뽀해 줘)

20184(얼링이빠스) = 爱你一背子(아이니이베이즈 – 널 일평생 사랑할게)

31707 = 거꾸로 보면 'LOVE'

340(싼쓰링) = 想死你(샹쓰니 – 네가 보고 싶어 죽겠어)

8181(빠이빠이) = byebye(빠이빠이 – 안녕)

(2) 생활 용어

282(얼빠얼) = 饿不饿(어부어 – 배고파, 안 고파?)

246(얼쓰리우) = 饿死了(어쓰러 – 배고파 죽겠어)

39(싼지우) = Thank you(중국인들은 '쌍큐'라고 발음)

518(우야오빠) = 我要发(워야오파 – 나는 부자가 될 거야)

8888(빠빠빠빠) = 发发发发(파파파파 – 돈 번다, 번다, 번다, 벌어!!!)

1798(이치지우빠) = 一起走吧(이치조우바 – 같이 가자)

(3) 욕

7474(치쓰치쓰) = 去死去死(취쓰취쓰 – 나가 죽어!)

4444(쓰쓰쓰쓰) = 死死死死(쓰쓰쓰쓰 – 죽어, 죽어, 죽어, 죽어)

11

坐车
차 타기

11 주차 : 열 번째 요리

자~ 이번주에는 관광도 하고, 옷도 사고, 맛있는 것을 먹으러 다니기 위해 꼭 필요한 '차 타기' 요리를 만들어 보려고 합니다. 준비 다 됐나요~~ ^^

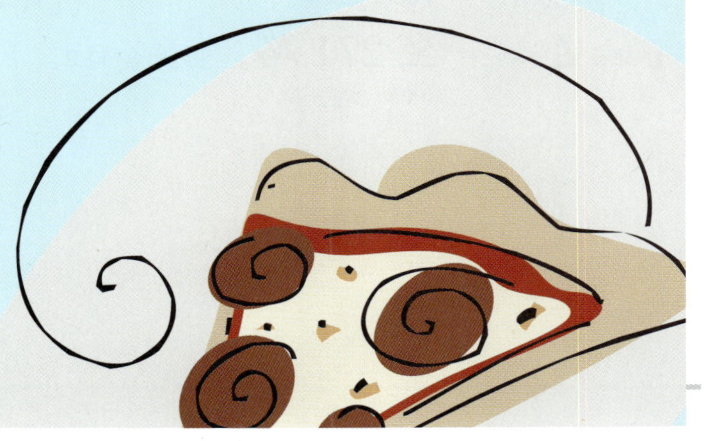

기본표현 익히기

재료 준비

여섯째 주의 요리강좌가 시작되었습니다. 오늘은 '차 타기'로 대화를 나누기 위한 기본재료를 배워 보겠습니다.

재료 **1**

잔 먼 츠 지아오 즈　하오 뿌 하오
咱们吃饺子，好不好？ 우리 만두 먹자, 어때?
Zánmen chī jiǎozi, hǎo bu hǎo?

재료 **2**

워 먼 쭈어 꽁 지아오 처 취 하이 스 쭈어 띠 티에 취
我们坐公交车去还是坐地铁去？
Wǒmen zuò gōngjiāochē qù háishi zuò dìtiě qù?

우리 버스 타고 가요, 아니면 지하철 타고 가요?

재료 **3**

커 스 띠 티에 야오 환 처
可是地铁要换车。 하지만 지하철은 갈아타야 해요.
Kěshì dìtiě yào huàn chē.

재료 **4**

쭈어 알 치 야오 루
坐 271 路。 271번을 타요.
Zuò èr qī yāo lù.

1 咱们吃饺子，好不好?

중국어로 질문을 할 때는 어기조사 '吗'를 쓰는 방법, '什么', '哪'와 같은 의문사를 쓰는 방법, 그리고 위의 '好不好'와 같이 긍정형과 부정형을 연달아 쓰는 방법이 있습니다.

> 예 **去不去?** → 가, 안 가?
> **来不来?** → 와, 안 와?

어휘
饺子 jiǎozi | 만두

2 我们坐公交车去还是坐地铁去?

'~할래, 아니면 ~할래?'라는 식으로 상대방에게 두 가지 중 하나를 택하게끔 하는 방식으로 질문을 하기도 하는데 이때 '还是'를 써요. 「A 还是 B」 형식으로 쓰인답니다~

> 예 **你吃还是他吃?** → 네가 먹니, 아니면 쟤가 먹니?

어휘
坐 zuò | 앉다, 타다
公交车 gōngjiāochē | 버스
还是 háishi | 또는, 아니면

3 可是地铁要换车。

앞부분과 반대되는 사실을 말할 때 접속사 '可是'를 써요.

어휘
可是 kěshì | 그러나
换车 huàn chē | 갈아타다

4 坐 271 路。

'路'는 '길'이라는 뜻이 있지만 위와 같이 '노선'을 나타내는 의미로도 쓰여요. '271路' 하면 '271번'이 되겠죠~ 또, 버스 번호나 방 번호 등을 읽을 때는 '1'을 'yī'가 아닌 'yāo'로 읽는다는 것 알아 두세요~

어휘
路 lù | 노선

첫째날에는 '차 타기'와 관련된 기본적인 재료들을 알아 보았습니다. 오늘은 그 재료들을 이용해 요리를 만들어 볼까요?

金优美 : 咱们去明洞吃饺子，好不好？
잔 먼 취 밍 똥 츠 지아오 즈　하오 뿌 하오
Zánmen qù Míngdòng chī jiǎozi, hǎo bu hǎo?

王力宏 : 好，我们坐公交车去还是坐地铁去？
하오　워 먼 쭈어 꽁 지아오 처 취 하이 스 쭈어 띠 티에 취
Hǎo, wǒmen zuò gōngjiāochē qù háishi zuò dìtiě qù?

金优美 : 我想坐地铁去，因为地铁快。
워 시앙 쭈어 띠 티에 취　인 웨이 띠 티에 콰이
Wǒ xiǎng zuò dìtiě qù, yīnwèi dìtiě kuài.

王力宏 : 可是地铁要换车，坐公交车去吧！
커 스 띠 티에 야오 환 처　쭈어 꽁 쟈오 처 취 바
Kěshì dìtiě yào huàn chē, zuò gōngjiāochē qù ba!

金优美 : 坐几路车？
쭈어 지 루 처
Zuò jǐ lù chē?

王力宏 : 坐271路。
쭈어 알 치 야오 루
Zuò èr qī yāo lù.

해석

김유미 : 우리 만두 먹으러 명동 가자. 어때?

왕리홍 : 좋아, 우리 버스 타고 갈까, 아니면 지하철 타고 갈까?

김유미 : 지하철 타고 싶어. 지하철이 빠르잖아.

왕리홍 : 하지만 지하철은 갈아타야 하는걸. 버스 타고 가자!

김유미 : 몇 번 타?

왕리홍 : 271번.

1 咱们去明洞吃饺子，好不好?

「6주차-장소 묻기」때 배운 '연동문' 기억나세요? 이 문장도 똑같이 이루어져 있네요~「去ㅇㅇ吃ㅇㅇ」동작이 연이어 일어나기 때문에 '연동문'이라고 한답니다.

> **어휘**
>
> **明洞** Míngdòng | 명동

2 我想坐地铁去，因为地铁快。

'~하다. 왜냐하면~'에서와 같이 어떤 사실에 대해 이유를 설명할 때 '因为'를 써요.

> 예 **我喜欢她，因为她很漂亮。**
> → 나는 그녀가 좋아. 왜냐하면 예쁘거든.

> **어휘**
>
> **因为** yīnwèi | 왜냐하면

3 坐几路车?

"몇 번 차를 타나요?"라는 말 자주 하죠? "몇 살이야?"라고 물을 때 썼던 의문사 '几'를 써서 물어 보세요~ 노선을 말할 때는 '路'를 쓴다는 것 기억하시고요~

한걸음 더

'坐'와 '骑'

'(교통수단)을 타다'라는 의미의 동사는 두 가지가 있어요. 바로 '坐 zuò'와 '骑 qí'인데, 이 둘은 어떻게 다른지 한번 볼까요?

❶ '坐'는 주로 앉아서 타는 교통수단 앞에 쓰여요.
　예를 들어 '버스를 타다', '택시를 타다', '기차를 타다', '비행기를 타다' 등

　예 坐公交车 버스를 타다　　　　　　坐火车 기차를 타다
　　　　　　　　　　　　　　　　　　　huǒchē

❷ '骑'는 주로 다리를 벌리고 타는 교통수단 앞에 쓰여요.
　예를 들어 '자전거를 타다', '오토바이를 타다' 등

　예 骑自行车 자전거를 타다　　　　骑摩托车 오토바이를 타다
　　　zìxíngchē　　　　　　　　　mótuōchē

3rd day

Listening & Writing Drill 

오늘은 이틀간 배웠던 회화를 듣고, 따라하고, 쓰고, 눈으로 익혀 복습하는 시간을 갖겠습니다.

---

1 '3단계 속도 조절 연습(느리게 ➡ 빠르게)'을 할 거예요. 녹음 속도에 따라 읽고난 후 체크해 주세요.

(1) 우리 만두 먹으러 명동에 가자. 어때?　　  

(2) 우리 버스 타고 가, 아니면 지하철 타고 가?　　  

(3) 나는 지하철을 타고 가고 싶어.　　  

(4) 271번 타.　　  

2 녹음을 듣고 중국어로 써 보세요.

(1) 빈칸 채우기를 해 보는 거예요~

① 咱们＿＿＿明洞＿＿＿饺子, ＿＿＿＿＿＿?

② 我们坐＿＿＿＿＿去＿＿＿＿＿坐＿＿＿＿去?

③ ＿＿＿＿地铁快。

④ ＿＿＿＿地铁要＿＿＿＿。

⑤ 坐＿＿＿＿?

(2) 자! 이제는 녹음을 잘 듣고 '통째 받아쓰기'를 해 보는 거예요~

① ＿＿＿＿＿＿＿＿＿＿＿＿＿＿＿＿＿＿＿＿＿＿＿＿＿

② ＿＿＿＿＿＿＿＿＿＿＿＿＿＿＿＿＿＿＿＿＿＿＿＿＿

③ ＿＿＿＿＿＿＿＿＿＿＿＿＿＿＿＿＿＿＿＿＿＿＿＿＿

④ ＿＿＿＿＿＿＿＿＿＿＿＿＿＿＿＿＿＿＿＿＿＿＿＿＿

플러스 **표현** 익히기

양 념 넣 기

자, 오늘은 본격적으로 차를 탈 수 있도록 몇 가지 양념 표현들을 더
배워 보겠습니다 ~ ^^

● 양념 1

스 푸　　 쩌 처 따오 밍 똥 마
师傅, 这车到明洞吗? 아저씨, 이 차 명동에 가나요?
Shīfu,　　zhè chē　dào Míngdòng ma?

▎**师傅** shīfu 스승, 숙련공
'师傅'는 어떤 일에 숙달한 사람을 부를 때 일반적으로 쓰이는 말입니다. 사실 '운전기사'는 '司机 sījī'
라고 한답니다.

● 양념 2

워 마이 량 장 피아오
我买两张票。 표 2장 주세요.
Wǒ mǎi liǎng zhāng piào.

▎**票** piào 표
'票' 등과 같이 넓고 평평하며 납작한 것을 셀 때는 양사 '张'을 쓴다는 것, 「9주차-영화 보기」에서
배웠었죠?

● 양념 3

짜이 쩌 리 팅 이 샤
在这里停一下。 여기에서 좀 세워 주세요.
Zài zhèlǐ　　tíng yíxià.

▎**这里** zhèlǐ 이곳, 여기 ┃ **停** tíng 세우다, 멈추다
「10주차-진찰 받기」에서 배운 '좀 ～하다'라는 의미의 '一下' 기억나시죠? 동사 뒤에 붙어 '좀 (동사)
하다'라고 해석된다고 했죠~

● 양념 4

따오 밍 똥 하이 이오우 지 짠
到明洞还有几站? 명동까지는 몇 정거장 남았나요?
Dào Míngdòng hái yǒu jǐ　zhàn?

▎**站** zhàn 역, 정류장
처음 타는 버스라면 가고자 하는 장소까지 몇 정류장 남았는지 궁금하죠? 대답할 때는 '○站' 하고
'○' 정류장 부분에 몇 정류장인지 숫자를 넣어 말하면 돼요.

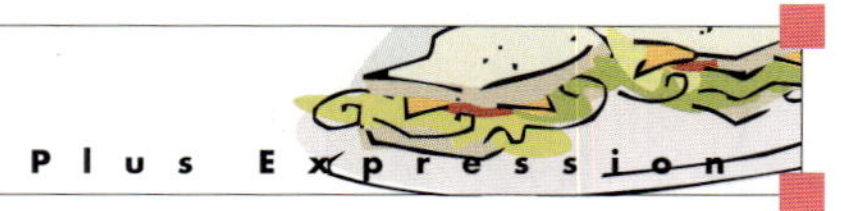

🥕 녹음을 따라하며 교체연습을 해 볼까요?

1 他 去 不 去 ?　　그는 가니, 안 가니?
　　　来　　来　　　그는 오니, 안 오니?
　　　买　　买　　　그는 사니, 안 사니?

2 你 去图书馆 还是 去电影院 ?　너는 도서관에 가, 아니면 영화관에 가?
　　　买这本书　　买那本书　　너는 이 책을 살 거야, 아니면 저 책을 살 거야?
　　　坐出租车　　坐火车　　　너는 택시를 탈 거야, 아니면 기차를 탈 거야?

3 A : 你想坐什么?　　무엇을 타고 싶으세요?

　　 B : 我想坐 公交车 , 因为 公交车便宜。버스 타고 싶어요. 버스가 싸잖아요.
　　　　　　出租车　　　　出租车快　　택시 타고 싶어요. 택시가 빠르잖아요.
　　　　　　飞机　　　　　飞机舒服　　비행기 타고 싶어요, 비행기가 편하
　　　　　　　　　　　　　　　　　　　잖아요.

4 A : 你坐几路车?　　몇 번 타세요?

　　 B : 我坐 110 路。　110 번 타요.
　　　　　　 311　　　　311 번 타요.

出租车 chūzūchē 택시 | **火车** huǒchē 기차 | **飞机** fēijī 비행기

종합연습문제

자~ 오늘은 여러 가지 재료와 양념들이 요리에 쏙쏙 잘 배어들었는
지 간을 보도록 합니다.

1 나도 만화가 ~ 만화의 빈칸에 적당한 표현을 넣어 스토리를 완성해 보세요 ~

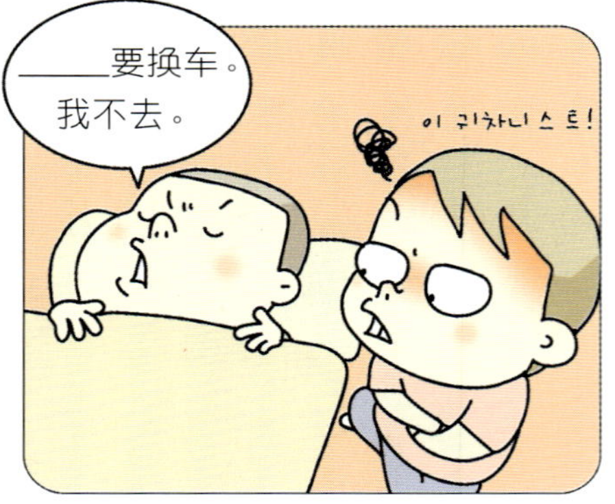

2 녹음을 두 번 듣고, 문제에 알맞은 답을 골라 보세요.

(1) 이들이 가려고 하는 곳은 어디인가요?
　① 电影院　　② 学校　　③ 图书馆　　④ 明洞

(2) 이들은 무엇을 타고 가나요?
　① 出租车　　② 地铁　　③ 公交车　　④ 火车

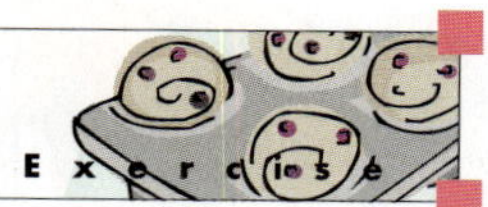

3 주어진 어휘를 재배치하여 문장을 만들고, 멋있게 해석하세요~

(1) 公交车 / 去 / 坐 / 我们 / 还是 / 去 / 坐 / 地铁 / ?

해석

(2) 我 / 地铁 / , / 因为 / 快 / 地铁 / 想 / 坐 / 去 / 。

해석

4 다음 문장을 긍정과 부정을 연이어 사용한 의문문으로 바꾸어 보세요.

(1) 今天你看电影。
　　→

(2) 现在你去商店。
　　→

(3) 现在你很忙。
　　→

(4) 他是老师。
　　→

간체자 쓰기

후식으로커피한잔

饺
ノ 𠂉 饣 𠘧 𠘧 饣 饣 饺
饺 饺 饺 饺
餃 · jiǎo

车
一 𠂇 𡰪 车
车 车 车 车
車 · chē

铁
ノ 𠂉 𠂉 钅 钅 𨧜 铁 铁
铁 铁 铁 铁
鐵 · tiě

因
冂 𠆢 𠙶 因
因 因 因 因
yīn

为
丶 丿 为 为
为 为 为 为
爲 · wèi

师
丿 𠂤 师 师
师 师 师 师
師 · shī

张
𠃌 𠃌 弓 弘 弤 张 张
张 张 张 张
張 · zhāng

票
一 覀 覀 覀 票
票 票 票 票
piào

咱们去明洞吃饺子

바탕음 : Oh, Mr. Sun

중국의 교통수단

중국의 '대중교통' 하면 참 많은 것들이 떠올라요. 한국에서도 쉽게 만날 수 있는 버스, 택시, 지하철 등 교통수단부터 시작해서 빵차, 삼륜차에 이르기까지…

Q_1 중국인들이 가장 많이 이용하는 교통수단에는 어떤 것들이 있나요?

A_1 지역마다 달라요. 따리엔(大连)이나 칭다오(青岛) 같은 해안지역은 언덕이 많기 때문에 자전거는 거의 이용하지 않고 주로 버스나 택시를 이용하는 반면, 내륙 지역은 평탄한 지형을 이루고 있기 때문에 자전거를 많이 이용한답니다.

Q_2 한국에는 없는 '三轮车(싼룬처 – 인력거)', '面包车(미엔빠오처 – 봉고)'라는 게 있다던데?

A_2 이 쌤이 베이징에 있을 때만 해도 쇼핑몰 근처에 인력거(보통 5분 안팎의 거리 5元(650원))가 있어서 쇼핑을 마치고 학교로 돌아갈 때 종종 이용하곤 했어요.
하지만 지금은 2008년 올림픽을 대비해 '깨끗한 거리' 만들기의 일환으로, 관광용을 제외하고는 '三轮车' 이용이 불법이 되었답니다.
'面包车(일명 빵차 –시내의 웬만한 곳은 거의 2元이면 OK)'는 도매시장이나 관광지, 기차역 부근에서 흔히 볼 수 있는 교통수단이었어요. 그런데 '面包车' 또한 불법영업 단속이 엄해져 거의 찾아볼 수 없게 되었다고 합니다.

Q_3 중국에서도 교통카드를 사용하나요?

A_3 네. 한국처럼 교통카드 충전소나 은행에서 충전해서 사용하는데, 교통카드를 이용하면 현금보다 5分이 싸다고 합니다.

▲ 관광용을 제외하고는 사라진 '三轮车'

12

问路
길 묻기

12주차 : 열한 번째 요리

드디어 마지막 주예요. 여러분~ 이번
주에는 '길 묻기' 요리에 도전합니다.
길을 묻고, 길을 알려 줄 때, 반드시 알
아야 할 기본적인 단어에서 실용회화까
지 함께 알아 보도록 하겠습니다~

기본표현 익히기

여섯째 주의 요리강좌가 시작되었습니다. 오늘은 '길묻기'로 대화를 나누기
위한 기본재료를 배워 보겠습니다.

● 재료 **1**

밍 똥 지아오즈 전 머 조우

明洞饺子怎么走？ 명동교자에는 어떻게 가나요?
Míngdòng Jiǎozi　zěnme zǒu?

● 재료 **2**

꾸어 러 마이 땅 라오

过了麦当劳 맥도날드를 지나서
guò le　　Màidāngláo

● 재료 **3**

왕 여우 과이

往右拐 오른쪽으로 도세요
wǎng yòu guǎi

● 재료 **4**

마 판 닌 러

麻烦您了。 실례했습니다.
Máfan　　nín le.

1 明洞饺子怎么走?

길을 물을 때 가장 많이 쓰이는 말이 바로 "ㅇㅇ怎么走？"예요.
'ㅇㅇ' 부분에 장소를 넣고 물으면 된답니다~

어휘

怎么 zěnme ｜ 어떻게
走 zǒu ｜ 가다

2 过了麦当劳

'过'는 여러 가지 뜻이 있지만, 길을 묻고 대답할 때는 주로 '지나다'
'건너다'의 의미로 쓰여요. '过了麦当劳'처럼 장소와 함께 나오면 '~
을 지나다'라는 뜻이고, '过了马路'처럼 '길' 등과 함께 쓰이면 '건너
다'라는 의미입니다.

어휘

过 guò ｜ 지나다, 건너다
麦当劳 Màidāngláo ｜ 맥
도날드

3 往右拐

"오른(왼)쪽으로 꺾으세요"라는 말 많이 하죠? 이때 쓰이는 표현이 바
로 '往ㅇ拐'예요. 'ㅇ' 부분에 '오른쪽', '왼쪽', '동쪽', '서쪽' 등 방향
을 나타내는 단어를 넣어 표현하세요~

어휘

往 wǎng ｜ ~을 향하여
拐 guǎi ｜ 돌다

4 麻烦您了。

'麻烦'은 '귀찮다', '번거롭다'라는 뜻인데, '번거롭게 하다'라는 뜻으
로도 쓰여요.

어휘

麻烦 máfan ｜ 번거롭(게
하)다

2nd day

톡톡회화

어제는 '길 묻기'에 관한 기본재료를 알아 보았어요. 자~ 오늘은 그 기본 재료를 이용해 '길 묻기' 요리를 시작해 보겠습니다~

칭 원 이 시알　　　　워 먼 야오 취 밍 똥 지아오즈　　전 머 조우 느어

金优美 : 请问一下儿！我们要去明洞饺子，怎么走呢？
Qǐngwèn yíxiàr!　　　Wǒmen　yào qù　Míngdòng Jiǎozi,　　zěnme　zǒu ne?

치엔 비알 여우 이 지아 마이 땅 라오　　니 칸 지엔 러 마

行　人 : 前边儿有一家麦当劳，你看见了吗？
Qiánbiānr　yǒu yì　jiā Màidāngláo,　　nǐ　kànjian　le　ma?

오　　칸 지엔 러

金优美 : 哦！看见了。
Ò!　　Kànjian　le.

꾸어 러 마이 땅 라오 왕 여우 과이 지우 따오 러

行　人 : 过了麦当劳往右拐就到了。
Guò le　Màidāngláo　wǎng yòu guǎi jiù　dào le.

씨에 시에　　　마 판 닌 러

金优美 : 谢谢，麻烦您了。
Xièxie,　　　máfan nín le.

해석　김유미 : 말씀 좀 묻겠습니다. 명동교자에 가려고 하는데요, 어떻게 가나요?
　　　　행　인 : 앞쪽에 맥도날드가 하나 있어요. 보이세요?
　　　　김유미 : 아! 보여요.
　　　　행　인 : 맥도날드를 지나서 오른쪽으로 돌면 곧 도착해요.
　　　　김유미 : 고맙습니다. 실례했습니다.

1 前边儿有一家麦当劳

「6주차 – 장소 묻기」에서 사물의 존재를 표현할 때 '有', '在', '是'를 쓴다고 한 것 기억나시죠? 여기서도 앞쪽에 맥도날드가 있다는 것을 '有'를 이용해 표현했네요~

cf) 앞쪽에 맥도날드가 있다
　　　　　　　　有

　　맥도날드가 앞쪽에 있다
　　　　　　　　在

2 哦，看见了。

'见'은 '看', '听' 등의 동사 뒤에 붙어서 무의식적인 감지나 결과 등을 나타내요. 어떠한 결과를 나타냈다고 해서 이러한 성분을 '결과보어'라고 한답니다. 이때 결과보어는 경성으로 읽어주세요!

어휘

家 jiā | 가정 · 가게 · 기업 따위를 세는 단위

어휘

哦 ò | 오! 아!

看见 kànjian | 보이다, 눈에 띄다

就 jiù | 곧

한걸음 더

'了'는 어떤 역할을 하나요?

이 쌤이 수업을 할 때도 '了'에 관해 질문하는 학생들이 아주 많답니다~ 사실 '了'는 문법책에서도 굉장히 두껍게 설명되어 있지만 오늘 이 쌤이 아주 간~단하게 얘기할게요^^

❶ '了'는 어기조사이다.
　→ 어기조사란 문장 끝이나 문장 중의 끊어지는 곳에 쓰여서 문장이 어떤 어감을 띠는지 보충해 주는 역할을 해요~

❷ '了'는 어떤 상황이 이미 일어났음을 나타낸다. (과거 · 현재완료)
　예 我吃饭了。나는 밥을 먹었다. – 발생 · 완료

❸ '了'는 일어날 동작을 나타낸다. (미래완료)
　예 你吃了饭再去玩儿。너는 밥 먹고 나서, 놀러 가. – 일어날 동작

❹ '了'는 인식 · 생각 · 상황의 변화를 나타낸다.
　예 我明白 (míngbai) 了。나 이해했어.

Listening & Writing Drill

오늘은 이틀간 배웠던 회화를 듣고 따라하고 쓰고 눈으로 익혀 복습하는 시간을 갖겠습니다.

1 '3단계 속도 조절 연습(느리게 ➡ 빠르게)'을 할 거예요. 녹음 속도에 따라 읽고난 후 체크해 주세요.

(1) 저희는 명동교자에 가려고 하는데요, 어떻게 가나요?

(2) 앞에 맥도날드가 하나 있어요.

(3) 보이세요?

(4) 맥도날드를 지나 오른쪽으로 돌면 곧 도착해요.

2 녹음을 듣고 중국어로 써 보세요.

(1) 빈칸 채우기를 해 보는 거예요~

① 我们＿＿＿＿明洞饺子, ＿＿＿＿＿＿？

② ＿＿＿＿＿有一家＿＿＿＿。

③ 哦! ＿＿＿＿＿。

④ ＿＿了麦当劳＿＿＿＿就到了。

⑤ 谢谢, ＿＿＿＿您了。

(2) 자! 이제는 녹음을 잘 듣고 '통째 받아쓰기'를 해 보는 거예요~

① ＿＿＿＿＿＿＿＿＿＿＿＿＿

② ＿＿＿＿＿＿＿＿＿＿＿＿＿

③ ＿＿＿＿＿＿＿＿＿＿＿＿＿

④ ＿＿＿＿＿＿＿＿＿＿＿＿＿

플러스 **표현** 익히기

자, 오늘은 본격적으로 차를 탈 수 있도록 몇 가지 양념 표현들을 더
배워 보겠습니다~ ^^

● 양념 1

이 쯔 왕 치엔 쩌우
一直往前走。 앞으로 곧장 걸어가세요.
Yìzhí wǎng qián zǒu.

> **一直** yìzhí 곧장 | **前** qián 앞
> "앞으로 쭉 가세요~~"라는 말, 길을 가르쳐 줄 때 많이 하는 말이죠? 간단히 "一直走"라고 해도 된
> 답니다.

● 양념 2

짜이 스 쯔 루 커우 왕 여우 과이 찌우 스
在十字路口往右拐就是。 사거리에서 오른쪽으로 돌면 돼요.
Zài shízì lùkǒu wǎng yòu guǎi jiùshì.

> **十字路口** shízì lùkǒu 사거리

● 양념 3

리 쩔 뚜어 위엔
离这儿多远? 여기에서 얼마나 먼가요?
Lí zhèr duō yuǎn?

> **多** duō 얼마나
> 「5주차-가족 소개」에서 나이를 물을 때 '多大'라고 했었죠? 이때처럼 '多'는 '얼마나'라는 의미로 정
> 도를 물을 때 쓰여요. 뒤에는 주로 '大', '远' 등 단음절 형용사가 와서 「多○」 형식으로 쓰인다는 것
> 알아 두세요~

● 양념 4

부 타이 위엔 우스 미 쭈어 여우
不太远，50 米左右。 별로 멀지 않아요. 50 미터 정도입니다.
Bú tài yuǎn, wǔshí mǐ zuǒyou.

> **不太** bú tài 그다지 ~하지 않다 | **米** mǐ 미터 | **左右** zuǒyou 정도, 남짓
> '左右'는 사실 '좌우'라는 뜻이죠? 하지만 '右'를 경성으로 읽어 주면 '정도', '남짓'이라는 의미랍니다.
> 앞에 숫자가 와서 그 숫자를 기준으로 좌우로 어떻다고 어림잡아 얘기할 때 쓰인답니다~

🥕 **녹음을 따라하며 교체연습을 해 볼까요?**

1 A : 去 动物园 怎么走 ?
　　　　银行
　　　　饭馆
　　　　百货商店

동물원에 가려면 어떻게 가나요?
은행에 가려면 어떻게 가나요?
식당에 가려면 어떻게 가나요?
백화점에 가려면 어떻게 가나요?

　　B : 在 银行 往 右 拐就是。
　　　　邮局　　左
　　　　商店　　东
　　　　学校　　西

은행에서 오른쪽으로 돌면 돼요.
우체국에서 왼쪽으로 돌면 돼요.
상점에서 동쪽으로 돌면 돼요.
학교에서 서쪽으로 돌면 돼요.

2 A : 离这儿 多 远 ?
　　　　他　　　　高
　　　　这枝铅笔　　长

여기에서 얼마나 머나요?
그는 얼마나 크나요?(키가 몇이에요?)
이 연필은 얼마나 긴가요?

　　B : 100 米 左右。
　　　　1 米 75
　　　　15 厘米

100 미터 정도입니다.
1 미터 75 정도입니다.
15 센티미터 정도입니다.

饭馆 fànguǎn 식당 ｜ **百货商店** bǎihuò shāngdiàn 백화점 ｜ **东** dōng 동(쪽) ｜ **西** xī 서(쪽) ｜ **高** gāo 높다, 크다 ｜
长 cháng 길다 ｜ **厘米** límǐ 센티미터(cm)

종합연습문제

요 리 즐 기 기

자~ 오늘은 여러 가지 재료와 양념들이 요리에 쏙쏙 잘 배어들었는지 간을 보도록 합니다.

1 나도 만화가 ~ 만화의 빈칸에 적당한 표현을 넣어 스토리를 완성해 보세요 ~

A : 할아버지, 지하철역엔 어떻게 가나요?

B : 지하철역? 곧장 가!

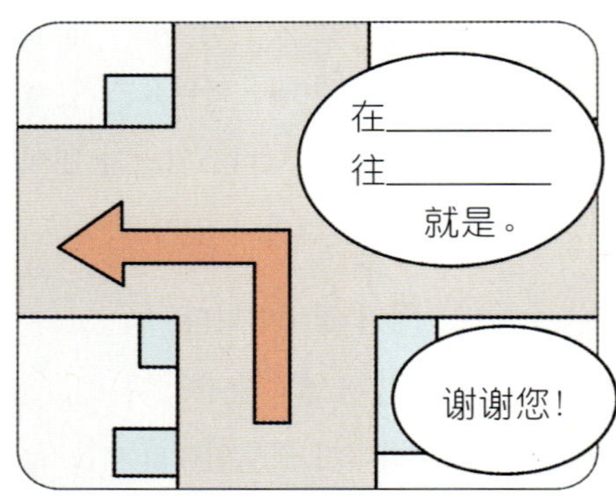

B : 사거리에서 왼쪽으로 돌면 돼.
A : 고맙습니다.

2 녹음을 두 번 듣고 여자가 찾아가려는 곳을 찾으세요.

① 银行　　　　　　　　② 邮局

③ 电影院　　　　　　　④ 学校

3 주어진 어휘를 재배치하여 문장을 만들고, 멋있게 해석하세요~

(1) 有 / 前边儿 / 吗 / 一 / 麦当劳 / 家 / , / 了 / 看见 / 你 / ?

해석

(2) 麦当劳 / 就 / 了 / 过 / 了 / 拐 / 右 / 到 / 往 / 。

해석

4 다음 지도를 보고 다음 제시한 건물의 위치를 설명해 보세요.

(1) 学校

(2) 邮局

간체자 쓰기

儿	丿 儿
兒 · ér	儿 儿 儿 儿

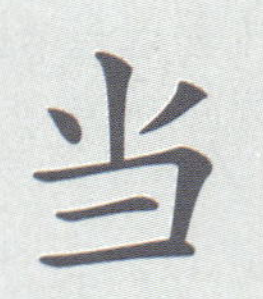

当	丨 丬 半 当 当
當 · dāng	当 当 当 当

劳	一 十 艹 芁 芦 芀 劳
勞 · láo	劳 劳 劳 劳

路	口 ロ ロ 四 欧 毁 毁 路
lù	路 路 路 路

过	一 寸 寸 寸 过 过
過 · guò	过 过 过 过

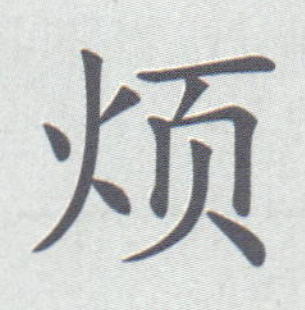

烦	丷 丬 火 灯 灯 烦 烦
煩 · fán	烦 烦 烦 烦

长	丿 一 长 长
長 · cháng	长 长 长 长

就	丶 亠 亨 京 京 就 就 就
jiù	就 就 就 就

明洞饺子怎么走?

바탕음 : Are you sleeping

중국 여행 일기

12월 21일, 여행 10일째. 중국 시안 땅을 밟은 지 3개월 반 만에 무작정 짐 싸들고 윈난(云南) 여행을 시작했다. 중국 땅이 넓다 넓다 말은 많이 들었어도 세상에! 36시간이 넘는 기차여행으로 시작할 줄이야! 침대차에서 자다 눈을 뜨면 온통 수수밭, 또 자고 눈을 떠도 똑같은 광경이 이어지던 중 겨우 목적지인 샹그릴라에 도착했다.

호텔을 잡아 4명이 방 2개를 얻어 들어갔는데 변기가 고장이다. 직원을 불러 고쳐 달라 했더니 한다는 소리. "오늘은 안 되니 내일까지 휴지통에 물 부어 그냥 쓰세요!" 방을 바꿔 달랬더니 그것도 안 된단다. 결국 밤늦은 시간에 돈을 환불 받아 길거리를 헤매는데, 날은 춥고 배고프고, 피곤해서 눈은 감기고… 거지가 따로 없다. 그렇게 샹그릴라 여행은 시작되었다. 마치 꿈에서나 볼 수 있을 법한 아름

▲ 샹그릴라의 대표 여행지 바이수이타이(白水台)

다운 샹그릴라의 풍광에 감동하는 것도 잠깐, 고산증과 몸살기운이 겹쳐 계획보다 일찍 집에 돌아가게 되었다. 쓰촨 성의 발지화에서 잉쭈어(硬座－중국 기차의 딱딱한 좌석)를 끊어 18시간의 새로운 여행을 시작한다. 외국인임을 눈치챈 차장 아저씨는 주머니 조심하라 주의주며 계속 신경 써 주신다. 그리고는 우리 좌석으로 와서 사천성 사투리와 한자 읽기도 가르쳐 준다.

지저분하고 불편했던 장거리 버스, 불친절함의 극치를 달렸던 여행지의 호텔 직원, 조금이라도 오래 차를 탈라치면 너저분하게 바닥에 널린 해바라기씨와 땅콩 껍질과 익숙해져야 했던 나의 첫 중국여행. 여행 도중엔 불편하고 힘들기도 했지만 중국이기에 느낄 수 있는 이러한 진풍경은 중국에 대한 새로운 시각을 가지게 해 주었다.

엽기강사 이승해의
케이케이
중국어 첫걸음

모범답안 및 녹음원본

5th day

1 (1) pípá   (2) shǒujī
　 (3) shūbāo   (4) bǐ
　 (5) cháyè   (6) kùzi

2 (1) bà   (2) jī
　 (3) nǐ   (4) chǔ
　 (5) rè   (6) zá
　 (7) nǚ   (8) fù
　 (9) jǔ   (10) pī
　 (11) lù   (12) xū
　 (13) pà   (14) là
　 (15) kě   (16) tú

3 (1) shēngxiào   (2) jīchǎng
　 (3) méikùn   (4) diūrén
　 (5) dāngrán   (6) lóngxiā
　 (7) rénmín   (8) yǒngyuǎn

4 (1) māma mà mǎ   (2) bàba bá bā
　 (3) shísì shì shísì   (4) fángjiān hěn dà

5 (1) pà   (2) fú
　 (3) tā   (4) dǔ
　 (5) ká   (6) sè
　 (7) lǎoniáng   (8) qiézi
　 (9) jīguān   (10) bànyuè
　 (11) mǎixiē   (12) nǐjiào

6 (1) māma   (2) gēge
　 (3) bófù   (4) zhīnǚ
　 (5) zázhì   (6) búqù
　 (7) yícì   (8) kèqi

3rd day

2 (1) ① 你好
　　　 ② 吗
　　　 ③ 你呢
　　　 ④ 也很
　　　 ⑤ 再见

　 (2) ① 你好!
　　　 ② 你好吗?
　　　 ③ 我很好，你呢?
　　　 ④ 我也很好。
　　　 ⑤ 再见!

5th day

1 对不起 / 没关系 / 老师 / 你好 / 好吗 / 他
혹은 我爸爸 / 再见 / 再见

2 (1) ①   (2) ②

> ● **녹음원본** ●
> (1) 你好!
> (2) 你好吗?

3 (1) 我也很好。
　　 나도 잘 지내.
　 (2) 我不忙。
　　 저는 바쁘지 않아요.

4 (1) ④ bàba
　 (2) ② lǎoshī
　 (3) ① zàijiàn
　 (4) ③ xièxie

3rd day

2   (1) ① 请问
      ② 姓 / 叫
      ③ 我叫
      ④ 认识

    (2) ① 您贵姓?
      ② 我姓金，叫金优美。
      ③ 我叫王力宏。
      ④ 认识您，我也很高兴。

5th day

1   姓 / 叫 / 叫 / 是 / 你呢 / 也 / 学生 / 认识 / 高兴

2   (1) ②   (2) ③

> ● 녹음원본 ●
> (1) 我叫李俊，您贵姓?
> (2) 她是你妹妹吗?

3   (1) 我姓金，叫金优美。
      저는 김 씨이고, 김유미라고 해요.

    (2) 我不是老师。
      저는 선생님이 아닙니다.

4   (1) ○   (2) ×
    (3) ×   (4) ×

3rd day

2   (1) ① 欢迎光临 / 要
      ② 要 / 个 / 和 / 杯
      ③ 还要
      ④ 不要

    (2) ① 欢迎光临，您要什么?
      ② 我要一个吉士汉堡和一杯可乐。
      ③ 还要什么?
      ④ 不要了。

5th day

1   点菜 / 来 / 鸡蛋炒饭 / 还要 / 不要了

2   (1) ②   (2) ③

> ● 녹음원본 ●
> (1) 请点菜。
> (2) 还要什么?

3   (1) 我要三碗米饭。
      저는 공기밥 세 그릇 주세요.

    (2) 请给我菜单。
      저에게 메뉴판을 주세요.

4   (1) 十瓶
    (2) 五碗
    (3) 三杯

3rd day

2   (1) ① 没有 / 有一个
      ② 今年多大
      ③ 今年二十六岁
      ④ 做 / 工作

    (2) ① 我没有弟弟，我有一个姐姐。
      ② 你姐姐今年多大?
      ③ 她今年二十六岁。
      ④ 她做什么工作?

　　⑤ 她是演员。

5th day

1　有 / 没有 / 有一个 / 呢 / 有一个 / 多大 /
　岁

2　(1) ×　　　　　　　(2) ×
　(3) ×　　　　　　　(4) ○

我家有六口人，爷爷、爸爸、妈妈、两
个姐姐和我。
我爸爸是老师。他今年五十岁。
我两个姐姐一个是演员，一个是学生。

3　(1) ②　　　　　　　(2) ③
　(3) ①

4　(1) 没有 / 一个弟弟
　(2) 医生
　(3) 三口
　(4) 二十岁

6주차

3rd day

2　(1) ① 哪儿
　　② 商店 / 东西
　　③ 在 / 知道
　　④ 在 / 旁边儿

　(2) ① 优美，你去哪儿？
　　② 我去商店买东西。
　　③ 商店在哪儿，你知道吗？
　　④ 知道。商店在邮局旁边儿，对吧？

5th day

1　哪儿 / 去 / 学习 / 是什么 / 在 / 里边

2　(1) ③　　　　　　　(2) ②

A : 力宏，你去哪儿？
B : 我去市场买东西。
A : 电影院在哪儿，你知道吗？
B : 在邮局旁边。
A : 离这儿远吗？
B : 不远。

3　(1) 我去电影院看电影。
　(2) 我去市场买东西。
　(3) 我去学校学汉语。

4　(1) ③　　　　　　　(2) ④
　(3) ①　　　　　　　(4) ②

7주차

3rd day

2　(1) ① 要 / 什么
　　② 多少钱
　　③ 块 / 毛
　　④ 两盒牛奶 / 一个面包

　(2) ① 你好！你要买什么？
　　② 阿姨！牛奶多少钱一盒？
　　③ 这个面包呢？
　　④ 面包 3 块钱一个。
　　⑤ 我要买两盒牛奶和一个面包。

5th day

1　条 / 怎么样 / 这条 / 条 / 多少钱 / 贵

2 (1) ① (2) ③

3 (1) 这件衣服怎么样？
이 옷 어때?

(2) 我要买两盒牛奶和一个面包。
저는 우유 두 팩과 빵 하나를 사려고
합니다.

4 (1) 5块 (2) 174 块
(3) 150 块 2 (4) 10 块 8
(5) 65 块 6 (6) 6块5

🥕 8주차

3rd day

2 (1) ① 生日快乐
② 可以 / 看看
③ 希望 / 喜欢
④ 几月几号

(2) ① 祝你生日快乐, 力宏! 这是生日礼
物。
② 谢谢! 我可以打开看看吗? 啊! 是
帽子。
③ 你的生日是几月几号?
④ 我的生日是四月八号。

5th day

1 几月几号 / 5月5号 / 什么礼物 / 今天

---

2 (1) ③ (2) ①

3 (1) 你看(一)看这本书。
이 책 좀 보세요.

(2) 你猜(一)猜这是什么？
이것이 무엇인지 맞춰 보실래요?

(3) 你穿(一)穿这条裤子。
이 바지 좀 입어 보세요.

4 (1) ○ (2) ×
(3) × (4) ○

🥕 9주차

3rd day

2 (1) ① 几
② 十二点半
③ 下午 / 开始
④ 听说 / 片子 / 有意思

(2) ① 现在几点?
② 那么咱们看金刚吧。
③ 听说那部片子挺有意思的。
④ 我早就想看了。
⑤ 金刚, 一点的, 两张!

5th day

1 几点 / 三点一刻 / 漂亮 / 有 / 看电影

2 (1) ② (2) ①

A：你想看哪部电影？
B："漂亮妈妈"怎么样？
A：那部电影八点开始，现在两点半。
B：那么咱们看别的吧。
A：咱们看"朋友"吧。3点10分的。
B：好，买票吧。

3 (1) 我想去乐天世界。
(2) 那么我们吃别的菜吧。
(3) 听说明天是优美的生日。
(4) 我爸爸每天挺忙的。

4 (1) ③　　　　　(2) ④
　 (3) ②　　　　　(4) ①

🥕 10주차

3rd day

2 (1) ① 哪儿 / 舒服
　　 ② 有点儿 / 得的
　　 ③ 要
　　 ④ 不用 / 按时 / 就会好

(2) ① 您哪儿不舒服？
　　 ② 我头疼、咳嗽、流鼻涕。
　　 ③ 给您量一下体温。
　　 ④ 要打针吗？

5th day

1 头疼 / 发烧 / 医院 / 打针 / 吃药 / 要

2 (1) ③　　　　　(2) ②

A：你怎么了？

B：大夫，我头疼、咳嗽、发烧。
A：先量一下儿体温。你感冒了。

3 (1) 她会喜欢这个礼物。
(2) 晚上八点我要看"对不起，我爱你"。
(3) 您尝一下这个菜。
(4) 他不会来。

4 (1) 拉肚子　　　(2) 消化不良
　 (3) 咳嗽　　　　(4) 流鼻涕

🥕 11주차

3rd day

2 (1) ① 去 / 吃 / 好不好
　　 ② 公交车 / 还是 / 地铁
　　 ③ 因为
　　 ④ 可是 / 换车
　　 ⑤ 几路车

(2) ① 咱们去明洞吃饺子，好不好？
　　 ② 好，我们坐公交车去还是坐地铁去？
　　 ③ 我想坐地铁去，因为地铁快。
　　 ④ 可是地铁要换车，坐公交车去吧！

5th day

1 去 / 吃 / 好不好 / 几路 / 吧 / 因为 / 快 / 可是

2 (1) ①　　　　　(2) ②

A：咱们去看电影，好不好？
B：好，坐出租车去还是坐地铁去？
A：坐地铁去吧，因为出租车很贵。

3　(1)　我们坐公交车去还是坐地铁去？
　　　우리 버스 타고 가니, 지하철 타고 가니?

　　(2)　我想坐地铁去，因为地铁快。
　　　난 지하철 타고 가고 싶어. 지하철이 빠르잖아.

4　(1)　今天你看不看电影？
　　(2)　现在你去不去商店？
　　(3)　现在你忙不忙？
　　(4)　他是不是老师？

🥕 12주차

3rd day

2　(1)　① 要去 / 怎么走呢
　　　　② 前边儿 / 麦当劳
　　　　③ 看见了
　　　　④ 过 / 往右拐
　　　　⑤ 麻烦

　　(2)　① 我们要去明洞饺子，怎么走呢？
　　　　② 前边儿有一家麦当劳，你看见了吗？
　　　　③ 过了麦当劳往右拐就到了。
　　　　④ 谢谢，麻烦您了。

5th day

1　怎么走 / 一直走 / 十字路口 / 左拐

2　①

● 녹음원본 ●

A：请问一下儿。去银行怎么走？
B：前边儿的邮局，你看见了吗？
A：哦，看见了。
B：在邮局往左拐就到了。

3　(1)　前边儿有一家麦当劳，你看见了吗？
　　　앞에 맥도날드가 있어요. 보이세요?

　　(2)　过了麦当劳往右拐就到了。
　　　맥도날드를 지나서 오른쪽으로 돌면 곧 도착해요.

4　(1)　一直走，在十字路口往左拐就到了。
　　(2)　一直走，在十字路口往右拐就到了。

猜一猜
cāi yi cāi

两	棵	小	树	十	个	杈 ，
liǎng	kē	xiǎo	shù	shí	ge	chà
不	长	叶	子	不	开	花 。
bù	zhǎng	yè	zi	bù	kāi	huā
能	写	会	算	还	会	画 ，
néng	xiě	huì	suàn	hái	huì	huà
天	天	干	活	不	说	话 。
tiān	tiān	gàn	huó	bù	shuō	huà

맞춰 보아요

작은 나무 두 그루 가지가 열 개,

잎도 나지 않고 꽃도 피질 않아요.

글자도 쓸 줄 알고 셈도 할 수 있고,

게다가 그림도 그릴 수 있어요.

날마다 일은 하는데 말은 하지 않아요.

－『다락원 중한대역문고 초급7 중국 얼거(儿歌)선』에서 발췌－

이승해가 추천하는

중국여행지 Best 20

고궁 · 천안문광장 | 이화원 |

만리장성 | 쿤밍 | 따리 | 리쟝 |

원깡석굴 · 쉬엔콩쓰

저우좡 | 황산 | 양슈어 |

화칭츠 · 진시황릉 |

삥마용박물관 | 파먼쓰 |

청삐 · 따옌타 · 샤오옌타 |

모까오쿠 | 위먼꽌 | 롱먼석굴 |

샤오린쓰 | 우루무치 | 홍콩

고궁, 천안문광장

고궁, 천안문광장은...

베이징의 중심에 위치해 있는 **고궁(故宮)**의 다른 이름은 자금성(紫禁城)이다. 명조 영락제가 난징(南京)의 궁전을 기본으로 14년 동안 건립한 것으로, 1420년~1911년까지 24명의 황제가 이곳에서 봉건정치를 하였으며, 9000여 칸의 방과 각종 석조물, 목조물 등이 있다. 천안문은 1417년에 건립되었다. **천안문광장(天安门广场)**은 고궁과 마주보고 있으며, 그 넓이가 44만㎢에 달하고 수용인원은 100만 명으로 전 세계 도시광장 중 최대 규모를 자랑한다.

어떻게 가나?

101번, 103번 전차와 811번, 812번, 814번 버스가 고궁을 경유한다. 지하철은 1호선을 타고 천안문동(天安门东)역 혹은 천안문서(天安门西)역에서 하차한다.

얼마? (2006년 기준)

고궁 입장료 100위안 / **천안문광장** 무료입장이지만, 천안문성루에 올라가려면 15위안의 입장료를 지불해야 한다.

먹어 볼까나 ~

베이징에 와 본 사람들이라면 꼭 먹고 가는 것이 바로 '베이징카오야(北京烤鸭)'이다. 천안문광장에서 쳰면(前门) 방향으로 내려가다 보면 베이징에서 가장 유명한 '취엔쥐더(全聚德)'라는 오리구이 전문점이 있다. 오리구이는 함께 주는 양념장에 찍어 전병에 실파와 함께 싸서 먹는다.

▲ 베이징의 대표 요리 베이징카오야

이화원

이화원은...

베이징의 서북교외지역에 위치해 있다. 이화원(颐和园)의 원래 명칭은 청의원(清漪园)으로, 1750년 건립되었으나, 1860년 1차 아편전쟁 중 영국과 프랑스군에 의해 소실되었다. 1886년 청(清)정부가 이를 재건하고 그 명칭을 이화원으로 바꾸었다.

이화원 내의 대표적인 볼거리로는 더허위엔(德和园), 쿤밍후(昆明湖), 포샹거(佛香阁), 창랑(长廊), 쑤저우제(苏州街), 스치콩챠오(十七孔桥) 등이 있다.

어떻게 가나?

332번, 726번, 808번, 826번, 834번 버스가 경유한다.

얼마?

▲ 서태후가 기도를 올렸다는 이화원의 불향각

이화원의 입장료는 통합표와 일반표로 구분된다. 통합표는 50위안인데 더허위엔 10위안, 포샹거 10위안, 쑤저우제 10위안의 입장료가 포함된 가격이다.

일반표는 30위안이며 이화원 정문을 통과하는 데만 사용된다.

알짜 중국어

취 이허위엔　　쭈어 지 루 처

去颐和园坐几路车？

Qù Yíhéyuán zuò jǐ lù chē?

이화원에 가려면 몇 번 버스를 타야 하나요?

만리장성

만리장성은...

북방 유목민들에 대한 방어수단으로 쌓은 것이 시초인 만리장성(万里长城)은 초창기에는 각기 다른 여러 제후국들이 쌓아 토막나 있다가 진시황제가 전국을 통일한 후 하나로 잇기 시작했다. 이 대대적인 토목공사에는 30만 명이 넘는 인원이 투입되었으며, 연결된 장성의 길이는 6350㎞나 된다.

대표적인 만리장성 관광코스로는 빠다링(八达岭), 무톈위(慕田峪), 쓰마타이(司马台), 쥐용꽌(居庸关) 등이 유명하다.

어떻게 가나?

빠다링장성은 첸먼에서 출발하는 여유버스 1번(旅1)을 타는 것이 가장 좋다. 1인 왕복 기준으로 50위안의 차비가 든다. 이 버스는 쥐용꽌과 명13릉(明13陵)을 함께 돌아볼 수 있다.

무톈위장성은 똥즈먼 시외버스터미널에서 916번 버스(8위안)를 타거나, 주말에는 여유버스 6번(왕복 50위안)을 타면 쉽게 갈 수 있다.

쓰마타이장성은 똥즈먼 시외버스터미널에서 미윈(密云)으로 가는 버스를 타고 종점에서 내려 다시 쓰마타이라고 적혀 있는 버스로 갈아타야 한다.(두 노선의 가격은 모두 6위안이며, 소요시간은 각 1시간)

얼마?

빠다링장성 45위안 / **쥐용꽌장성** 일반 40위안, 학생 20위안 / **쓰마타이장성** 30위안 / **무톈위장성** 35위안

▲ 빠다링장성에서 볼 수 있는 절벽 집

▲ 붕괴되어 가고 있는 만리장성의 일부

쿤밍은...

쿤밍(昆明)은 윈난성의 성도(省都)로 4계절이 모두 봄처럼 포근하다고 하여 '春城(봄의 도시)'이라 불린다. 주요 관광지로는 천하제일의 기괴한 경관이라는 스린(石林), 마치 밀림 속에 와 있는 듯한 느낌을 주는 지우샹펑징취(九乡风景区), 중국 내 소수민족들의 생활상을 한눈에 볼 수 있는 윈난민족촌(云南民族村), 그리고 시샨룽먼(西山龙门) 등이 있다.

어떻게 가나?

스린은 쿤밍 중북터미널에서 사설버스가 왕복 30~40위안 정도에 운행되고 있다.
지우샹펑징취는 쿤밍 중북터미널에서 투어버스로 다녀올 수 있으며, 왕복 40위안이다.
윈난민족촌과 시샨룽먼은 함께 다녀오기 좋은 코스이다. 먼저 쿤밍역에서 24번이나 44번 버스를 타고 민족촌에서 하차해 민족촌을 관광하고, 민족촌 후문에서 시샨룽먼으로 가는 리프트를 타면 된다.

얼마?

스린 일반 80위안, 학생 45위안 / **지우샹펑징취** 50위안 / **윈난민족촌** 일반 70위안, 학생 35위안, 시샨룽먼까지 가려면 50위안짜리 왕복 리프트 티켓 구매 / **시샨룽먼** 30위안

이런 곳도 있어요!

쿤밍은 중국 내에서도 차(茶)로 유명한 곳이다. 차에 관심이 있다면 이곳에 들러 시음해 보는 것도 좋을 것이다. 어느 상점이든 차의 구매와 상관없이 무료로 시음해 볼 수 있다.

▲ 쿤밍의 차 전문점. 쿤밍뿐 아니라 윈난 지역에서 생산하는 대부분의 차를 취급한다

따리

따리는...

따리(大理)는 무협지를 좋아하는 사람이라면 누구나 한번쯤 들어 봤을 법한 도시이다. 현재 윈난성의 바이족자치주(白族自治州)이며, 중국의 스위스라고도 불린다. 주요 관광지로는 창산(苍山), 얼하이후(洱海湖), 총성쓰싼타(崇圣寺三塔), 시저우(喜洲)가 있다.

어떻게 가나?

따리는 쿤밍에서 버스로 5시간, 기차로 8시간 걸리며, 버스는 아침 7시 30분에서 저녁 8시까지 20분에 한 대씩 있다.

따리는 따리시와 고성(古城)으로 구분되어 있다. 따리시에서 고성까지는 30~40분 정도 걸리며 주요 버스노선은 4, 6, 8번이다.

대부분의 관광지가 고성에서 멀지 않은 곳에 있어 자전거 하이킹을 하는 것이 좋다.

얼마?

창산 무료. 중턱에 있는 쫑화쓰(中华寺)까지만 올라갈 수 있다. 리프트를 타면 왕복 60위안, 편도 35위안이고 말을 타고 가면 왕복 30~40위안 정도이다.

총성쓰싼타 입장료 52위안

먹어 볼까나 ~

따리에서 유명한 먹거리라면 싼따오차(三道茶)가 있다. 싼따오차는 바이족의 전통차로, 혼례의식 때 나이 많은 사람이 결혼을 축하하는 의미로 주던 것이었다. 이 차는 세 번에 걸쳐서 나누어 마시는데 첫 번째 잔은 쓴맛으로, 성공하려면 먼저 쓴맛부터 봐야 한다는 바이족의 인생철학이 담겨 있고, 두 번째 잔은 단맛으로, 고진감래의 의미를 지니고 있으며, 세 번째 잔은 후이웨이차(回味茶)라고 하여 인생의 지난 날을 돌아본다는 뜻이다.

▲ 바이족의 전통차-싼따오차

리쟝은...

리쟝(丽江)은 따리에서 북쪽으로 150km 정도 떨어져 있으며, 윈난, 시짱(西藏), 쓰촨(四川)의 경계지대에 위치해 있다. 이전에는 남방의 실크로드라고 불리웠고, 시짱이나 쓰촨으로 가려면 리쟝을 꼭 거쳐가야 했다. 현재는 나시족(纳西族)의 생활터전이며, 유네스코가 고성(古城) 전체를 세계문화유산으로 지정할 만큼 그 문화적 가치가 높다. 주요 관광지로는 리쟝 고성, 무푸(木府), 위롱쉬에산(玉龙雪山) 등이 있다.

어떻게 가나?

따리에서 버스로 3시간 정도 걸리며, 운행시간은 아침 7시 10분부터 저녁 6시까지 2, 30분마다 한 대씩 있다. 리쟝 역시 따리와 마찬가지로 리쟝시와 고성으로 나뉘어 있다. 8번 버스를 타면 바이후어따로우(百货大楼)에서 하차, 리쟝 고성에 갈 수 있고, 무푸는 리쟝 고성의 쓰팡제(四方街)에서 걸어서 10분이면 도착한다. 위롱쉬에산은 리쟝 고성에서 15km밖에 떨어지지 않은 곳에 위치하고 있으며, 7번 버스를 타고 따수어따오(大索道), 윈차이핑(云彩坪), 마오니우핑(毛牛坪) 3개의 하차 지점으로 갈 수 있다.

얼마?

무푸 35위안 / **위롱쉬에산** 120위안
따수어따오 케이블카 왕복 160위안 /
윈차이핑 왕복 60위안 / **마오니우핑** 왕복 40위안

▶ 리쟝 고성

윈깡석굴, 쉬엔콩쓰

윈깡석굴, 쉬엔콩쓰는...

따통에서 16km 떨어진 곳에 위치하고 있는 **윈깡석굴(云刚石窟)**은 뚠황석굴(敦煌石窟), 롱면석굴(龙门石窟)과 함께 중국을 대표하는 3대 석굴 중 하나이다. 윈깡석굴은 중국의 북위 때 건립되는데, 오늘날까지 남아 있는 석굴은 53개이며 5만 1천여 개의 불상이 조각되어 있다.

쉬엔콩쓰(悬空寺)는 따통에서 65km 떨어진 샨시성 훈위엔시엔(浑源县)에 위치하고 있으며, 사원이 마치 공중에 떠있는 것처럼 보여 쉬엔콩쓰라는 이름이 붙었다. 당나라의 대표 시인 이백(李白)은 쉬엔콩쓰 유람을 마치고 '장관(壮观)'이라는 두 글자를 남겼다고 한다.

어떻게 가나?

윈깡석굴과 쉬엔콩쓰는 CITS(중국국제여행사)에서 운행하는 1일 투어를 이용하면 편하게 구경할 수 있다. 오전 8시에 따통역에서 모여 오후 6시에 해산한다.(차량 및 가이드 포함 100위안)

3인 이상이라면 따통역 앞에서 택시를 하루 전세 내는 방법이 있는데, 이 경우 시간이 남는다면 화엄사, 목탑사, 구룡벽 등을 둘러볼 수 있어 더욱 효율적이다.(하루 전세 300~400위안)

얼마?

윈깡석굴 입장료 60위안 /
쉬엔콩쓰 입장료 60위안

▶ 절벽에 세워진 쉬엔콩쓰

저우쫭

저우쫭은...

저우쫭(周庄)은 쑤저우(苏州)에서 동남쪽으로 38km 떨어진 곳에 위치한 900년 역사의 수상촌락이다. 중국의 유명한 고화가 우관쫑(吳冠中)이 "황산은 중국산천의 아름다움이 모여 있는 곳이고, 저우쫭은 중국 수상도시의 아름다움이 모여 있는 곳이다"라고 했을 정도로 저우쫭의 풍경은 다른 수상도시의 추종을 불허한다.

저우쫭 자체가 모두 주요 관광지이지만 특히 저우쫭펑징취(周庄风景区), 장팅(张厅), 선팅(沈厅), 아치형 다리인 쐉챠오(双桥), 천년고찰 취엔푸쓰(全福寺)가 유명하다.

어떻게 가나?

쑤저우 북버스터미널에서는 1시간 30분, 상하이 시외버스터미널에서는 2시간이 소요된다. 저우쫭 버스터미널에서 저우쫭펑징취까지는 마을버스(1위안)나 인력거(3위안~5위안)를 이용한다.

얼마?

저우쫭펑징취 입장료 60위안(이 입장권은 보트투어를 제외한 모든 입장료를 대신한다), 보트투어 80위안(보트투어는 정원이 8명인데, 한 명이든 여덟 명이든 80위안의 요금을 받으니 매표소에서 같이 탈 사람들을 찾아 보는 것도 좋은 방법이다.)

알짜 중국어

이치 샹 추안 바
一起上船吧。 배에 함께 타요.
Yìqǐ   shàng chuán ba.

▶ 저우쫭의 명물 – 쐉챠오

황산

황산은...

황산(黄山)은 안후이성의 남부에 위치하고 있다. 원래 명칭은 쭈어이산(作黟山)이었으나, 후에 황제 헌원이 여기서 수련하였다고 하여 황산으로 바꾸었다.

황산의 기암괴석과 소나무, 구름, 온천은 황산4절로 꼽히며, 그 중 운해(云海)는 황산이 지니고 있는 신비함을 한껏 드러내는 경관이다.

황산 추천코스

구룡폭포 → 운곡사 → 황산후산 → 북해 → 멍환징취 → 비래석 → 광명정 → 해심정 → 연화봉 → 옥병봉 → 영객송 → 천도봉 → 반산사 → 자광각

등반 시 유의사항

산 아래에서는 맑았던 날씨가 산 위에서는 금방 변할 수 있으니, 바람막이 재킷이나 우의 등은 필수품이다. 또한 조금 무겁더라도 비상식량을 넉넉히 챙겨 가자. 산 위에서는 시중가의 3배를 호가한다.

어떻게 가나?

베이징, 상하이(上海), 항저우(杭州)에서 황산으로 오는 기차나 버스 노선이 매일 있다.

얼마?

구룡폭포 입장료 30위안 / **황산** 입장료 200위안 / **케이블카** 66위안

알짜 중국어

짜이 날 쭈어 란 처

在哪儿坐缆车？

Zài nǎr zuò lǎnchē?

케이블카는 어디에서 타나요?

▼ 황산의 절경-비래석(飞来石)

양슈어

양슈어는...

양슈어(阳朔)는 광시장족자치구의 동부에 위치하며, 꾸이린(桂林)에서는 65km 떨어져 있다. 양슈어의 가장 대표적인 관광자원으로는 수려한 산수와 기묘한 동굴, 유구한 역사유적을 들 수 있다. 양슈어는 그 자체만으로도 훌륭한 자연관광지이며, 그 중 리쟝(漓江) 유람이 대표적이다. 이 외에도 후디에구(蝴蝶谷), 위에량산(月亮山), 삐리엔펑(碧莲峰) 등 많은 볼거리가 있다.

어떻게 가나?

양슈어는 꾸이린 버스터미널에서 버스로 한 시간 남짓 걸린다.
양슈어에서의 이동은 리쟝 유람을 빼고는 대부분 자전거로 이루어질 만큼 관광지와 양슈어 중심가의 거리가 가깝다.

얼마?

리쟝 대나무배 유람은 100~150위안 / **후디에구** 입장료 60위안 / **위에량산** 입장료 9위안 / **삐리엔펑** 입장료 15위안

알짜 중국어

不行，再便宜点儿吧!

Bù xíng, zài piányidiǎnr ba!

안 돼요. 더 깎아 주세요.

▶ 산의 모습이 마치 달과 같아 '위에량산'
　이라는 이름이 붙었다

시안 ❶

화칭츠, 진시황릉

화칭츠, 진시황릉은...

시안은 샨시성의 성도로 화칭츠(华清池), 진시황릉(秦始皇陵) 등 유명한 고적이 많이 있다.

화칭츠는 양귀비가 목욕한 곳이라 하여 유명하며, 시안사변(국민당 당수인 장졔스(张阶石)에게 대항한 쿠데타) 당시 장졔스가 이 화칭츠의 우지엔팅(五间厅)에 감금되기도 했다.

진시황릉은 중국 최초의 황제 진시황의 무덤이다. 황릉은 높이 79m, 동서 475m, 남북 384m로 무덤보다는 산에 가까운데, 아직 발굴하지 않아 현재로서는 그 위를 올라가 보는 것이 전부이다.

어떻게 가나?

시안의 화칭츠, 린통박물관(临潼博物馆), 진시황릉, 삥마용박물관(兵马俑博物馆)은 모두 시안에서 40분 정도 떨어진 린통씨엔(临潼县)에 위치하고 있어 여유버스 5번(游5)을 타고 가야 한다. 왕복버스 비용은 8위안으로, 화칭츠에서 삥마용박물관까지는 몇 번을 타도 상관없다.

운행 경유지는 시안역 → 시안사변관(西安事变厅) → 화칭츠 → 린통박물관 → 진시황릉 → 삥마용박물관 순서이다. 이 코스는 아침 첫차(07:30)를 이용하여 관광한다면 하루 코스로 가장 적절하다.

얼마?

화칭츠 입장료 40위안 / **진시황릉** 입장료 26위안

먹어 볼까나 ~

시안에서 가장 유명한 요리는 양로우파오모(羊肉泡馍)이다. 이 요리는 양고기와 야채, 갖은 양념을 넣어 만든 국에 밀전병을 손으로 직접 잘게 부셔 넣어 먹는다.

▶ 양로우파오모

시안 ❷
삥마용박물관

삥마용박물관은...

시안을 찾는 여행객들에게 시안에 온 계기를 물으면 십중팔구 삥마용박물관에 가기 위해서라고 대답할 정도로 삥마용박물관은 시안을 대표하는 관광지이다.

삥마용박물관은 세계8대 불가사의 중 하나로 1974년 3월 29일 우물을 파던 한 농부에 의해 발견되면서 전 세계에 알려졌다.

삥마용박물관은 세 개의 갱으로 이루어져 있는데 1호갱은 1974년에 발굴되어 현재 그 규모가 가장 크고 보존상태 또한 가장 좋다. 2호갱과 3호갱은 1976년에 발굴되었고, 1, 2, 3호갱 모두 현재 발굴이 계속 진행되고 있다.

어떻게 가나?

화칭츠에 가는 여유버스 5번(游5)의 종점이다.

얼마?

입장료 3~11월 90위안, 12~2월 65위안, 박물관 정문에서 입구까지 셔틀버스 이용료 왕복 10위안

알짜 중국어

중국 어느 도시에서건 소매치기를 조심해야 하지만 시안역은 그 중에서도 소매치기로 유명하니 짐은 항상 앞으로 매도록 하자.

샤오톨

小偷儿! 도둑이야!!
Xiǎotōur!

▶ 예술적 가치도 널리 인정받고 있는 병마용의 조각상

시안 ❸
파먼쓰

파먼쓰는...

파먼쓰(法门寺)는 1800년의 역사를 자랑하는 당나라의 황실 사찰로 시안에서 서쪽으로 120km 떨어진 곳에 위치하고 있다. 1980년대 지진으로 인해 절 내의 탑이 붕괴되기 시작하자 시 당국은 문화유산 보존 및 발굴을 시작했고, 그때 놀랍게도 지하궁전이 발견되었다. 지하궁전은 그 모습이 고스란히 남아 있었고, 부처의 손가락뼈사리 역시 안전하게 보존되어 있었다.

파먼쓰 옆에 있는 파먼쓰박물관에는 당시에 발견되었던 유물과 부처의 사리가 보관되어 있어 관광객들의 발길이 끊이지 않고 있다.

어떻게 가나?

시안역에서 여유버스 2번(游2)을 타고 파먼쓰박물관에서 하차한다.

사설여행사의 관광버스를 타는 방법도 있다. 이 버스를 타면 파먼쓰뿐만 아니라 첸링(乾陵), 용태공주묘(用太公主墓), 장덕태자묘(章德太子墓)에도 들를 수 있어 당일 코스로 적절하다.

얼마?

파먼쓰 입장료 28위안 / **파먼쓰박물관** 입장료 32위안 / **첸링** 입장료 31위안 / **용태공주묘** 20위안 / **장덕태자묘** 입장료 10위안

▶ 부처님의 사리를 홍콩으로 옮기는 행사를 주최 중인 파먼쓰

청삐, 따옌타, 샤오옌타

청삐, 따옌타, 샤오옌타는...

청삐(城壁)는 중국에 현존하는 성벽 중 그 보존상태가 가장 좋다. 높이 12m, 폭 12~18m, 총 길이 14㎞로, 각 방위마다 문이 하나씩 있다. 청삐 관광은 보통 자전거로 성벽 위를 달리는 것을 뜻한다.

따옌타(大雁塔)는 당 고종이 어머니 문덕황후의 극락왕생을 기원하기 위해 세운 사찰이다. 사찰은 당 말기 전란으로 모두 소실되어 버리고 현재 따옌타만 남아 있다.

샤오옌타(小雁塔)는 707년 당나라의 승려인 의정이 인도에서 가져온 경전을 보관하기 위해 만들어졌다. 원래 샤오옌타의 높이는 45m로, 15층에 달하였으나, 지진으로 인해 2개의 층이 붕괴되어 현재는 43m 정도만 남아 있다.(사진) 한국의 석가탑과 다보탑처럼, 따옌타는 그 느낌이 웅장하고 남성적인데 반해 샤오옌타는 부드럽고 여성적이다.

▲ 승려상 뒤로 보이는 따옌타

어떻게 가나?

청삐는 서문과 남문만이 일반인들에게 개방되고 있다. 남문에 가려면 시안역에서는 16번이나 40번 버스를 타면 된다. 서문으로 가려면 시안역에서 205번이나 206번 버스를 탄다.
따옌타는 시안역에서 4번 버스를 타고 따옌타역에서 하차한다.
샤오옌타는 시안역에서 18번 버스를 타고 샤오옌타 정류장에서 하차하면 된다.

얼마?

청삐 입장료 60위안 / **따옌타** 입장료 25위안 / **샤오옌타** 입장료 18위안

뚠황 ❶
모까오쿠

모까오쿠는...

뚠황모까오쿠(敦惶莫高窟)는 깐쑤성 뚠황시 경내의 모까오쿠와 쓰치엔불동(四千佛洞)의 총칭이며, 중국 3대 석굴 중 하나이다. 일반적으로 뚠황석굴(敦煌石窟)로 많이 알려져 있다. 발굴된 492개의 석굴 중 현재 일반인에게 개방된 굴은 모두 198개이다. 이 198개가 모두 기본 입장료에 포함된 것은 아니다. 기본 입장료로 들어갈 수 있는 굴은 32개에 불과하다. 이 중에서도 하루에 볼 수 있는 굴은 15개 정도밖에 안 된다고 한다.

어떻게 가나?

모까오쿠는 뚠황시에서도 16㎞ 떨어져 있고, 모까오쿠로 가는 셔틀버스나 시내버스 같은 것도 없다. 일반적으로 사설여행사를 통한 단체관광을 많이 하지만, 그것이 불편한 사람은 택시 운전기사와 가격흥정을 하여 가는 것이 좋다.

얼마?

모까오쿠 입장료 100위안

알짜 중국어

워먼　야오　취　모　까오　쿠
我们要去莫高窟。 모까오쿠에 가려고 합니다.
Wǒmen　yào　qù　Mógāokū.

▶ 중국 3대 석굴 중 하나인 모까오쿠

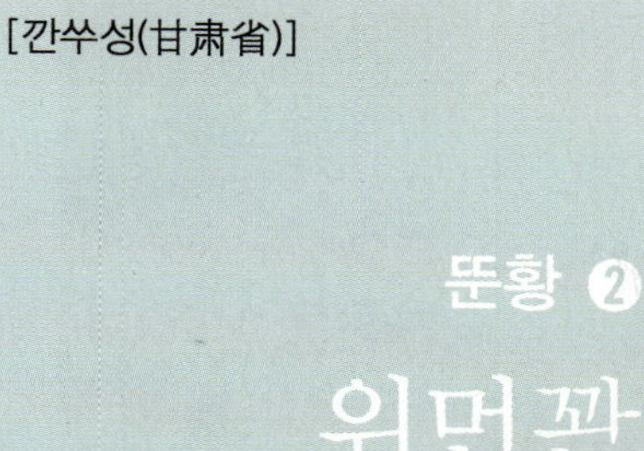

위먼꽌은...

위먼꽌(玉门关)은 뚠황에서도 북서쪽으로 100㎞ 정도 떨어진 곳에 위치하고 있다. 이곳은 한나라 때의 서쪽 국경이며 서역북도의 시발점이기도 하다. 서역북도란 실크로드 루트 중 타클라마칸 사막의 북쪽 길을 뜻하는 말이다. '위먼(玉门)'이라는 이름은 이 길을 통해 중국의 옥이 서방으로 수출되는 것에서 붙여진 이름이다.

어떻게 가나?

뚠황에서 단체관광을 신청해 가는 방법이 가장 좋으며, 주변에 있는 한창청(汉长城), 야딴띠즈공원(雅丹地质公园)과 함께 패키지로 간다.

▲ 야딴띠즈공원　　　　　　　　　　　▲ 한창청

얼마?

위먼꽌 입장료 30위안 / **한창청** 입장료 25위안 / **야딴띠즈공원** 입장료 40위안

알짜 여행 상식

실크로드의 경유지는 장안(지금의 시안)에서 시작하여 서북쪽의 몇 지역을 거쳐 뚠황에 도착하고, 뚠황에서 그 길이 다시 위먼꽌에서 나가는 길과 신쟝(新疆)으로 들어가는 길로 갈라진다. 이 두 길은 파미르고원에서 다시 만나 중앙아시아와 서아시아로 들어가게 된다. 깐쑤성의 실크로드는 그 거리가 1600㎞로 실크로드 총 거리의 1/5을 차지한다.

롱먼석굴

롱먼석굴은...

뚠황의 모까오쿠, 따통의 윈깡석굴과 함께 중국의 3대 석굴 중 하나인 롱먼석굴(龙门石窟)은 뤄양(洛阳)에서 12km 떨어진 곳에 위치하고 있으며, 북위의 효문제(494년)가 도읍을 뤄양으로 옮기면서 조성되었다고 한다. 롱먼석굴은 수나라와 당나라를 거쳐 송나라 때까지 400여 년에 걸쳐 조성되었다. 롱먼석굴은 길이가 1km 정도이고, 불상 97000여 개, 석굴 1300여 개, 석비 3600여 개, 불탑 50여 개, 조상 10만여 개로 조성되어 있다.

어떻게 가나?

롱먼석굴은 뤄양역에서 81번 버스를 타면 된다. 롱먼석굴에 가면서 당나라 시인 백거이(白居易)의 무덤이 있는 바이위엔(白园)에 들를 수 있고, 뤄양역으로 돌아오는 버스 55번이나 8번 버스를 타고 삼국지의 등장인물인 관우를 기념한 사당인 꽌린(关林)을 관광하는 것도 좋은 방법이다.

얼마?

롱먼석굴 일반 입장료 80위안, 학생 40위안(롱먼석굴 입장료에는 바이위엔의 입장료가 포함되어 있다) / **꽌린** 입장료 25위안

▶ 삼국지의 인물 중 중국 사람들이 신격화한다는 관우의 사당(꽌린)에 사람들의 발길이 끊이지 않는다

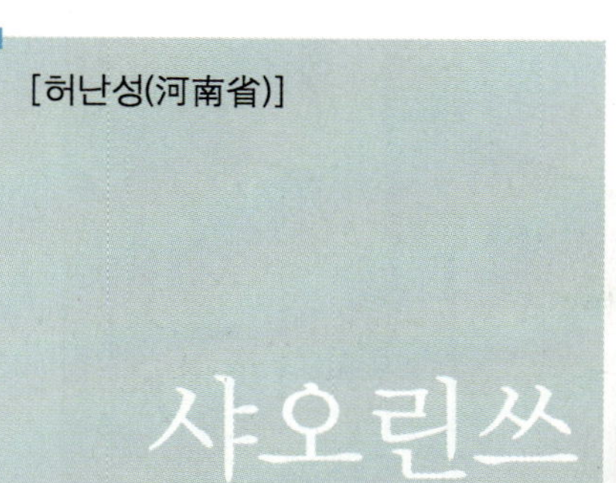

샤오린쓰

샤오린쓰는...

샤오린쓰(少林寺)는 북위의 태화 19년(495년)에 건립되었다. 그로부터 32년 뒤, 인도의 보제달마가 샤오린쓰에 와서 선종을 전수하면서 그 이름을 떨치기 시작하여, 사원의 규모가 조금씩 커지기 시작하였다. 달마는 오랜 시간 면벽수행을 했고, 승려들 역시 무공으로 체력을 단련해야 한다는 생각으로 샤오린쓰를 세계 속에 알리게 되는 소림권법을 창시하기도 했다. 현재 샤오린쓰는 고사찰이라기 보다는 관광명소의 색깔을 더 띠고 있다. 사원의 유명한 불상 앞에서 기도라도 할라치면 밀려드는 관광객들 때문에 뜻대로 되지 않는다. 샤오린쓰의 내부는 장경각, 대웅보전, 천불전, 문수각으로 구성되어 있고, 문수각의 면벽영석은 9년 간 면벽수행을 했던 달마대사의 그림자가 서려 있다고 믿어지는 바위로 유명하다.

어떻게 가나?

뤄양 시내버스 정류장에서 샤오린쓰행 버스는 20~30분 마다 한 번씩 있다.

얼마?

입장료 100위안

▲ 추운 겨울에도 체력단련을 게을리하지 않는 샤오린쓰의 승려들

먹어 볼까나 ~

샤오린쓰의 승려들은 고기가 먹고 싶을 때 '수자이(素斋)'라는, 야채로 조리한 맛과 모양이 해산물과 비슷한 음식을 먹는다.

▶ 뤄양 샤오린쓰의 대표 요리-수자이

우루무치

우루무치는...

우루무치는 신쟝자치구의 성도이다. 우루무치에는 중국이라고 생각하기 어려운 이국적인 풍경과 전혀 동양인답지 않은 외모의 사람들로 가득하다. 우루무치의 관광명소로는 알따오챠오시장(二道桥市场), 톈츠(天池), 난샨목장(南山牧场) 등이 있다.

어떻게 가나?

알따오챠오시장은 기차역에서 902번 버스를 타고 시따챠오(西大桥)에서 하차한다. 톈츠와 난샨목장은 거리가 멀어 단독으로 가려면 택시를 타는 방법밖에 없지만, 단체투어를 이용하면 조금 더 편리하다.

얼마?

톈츠 입장료 60위안 / **난샨목장** 입장료 65위안

먹어 볼까나 ~

'신쟝'하면 양로우촨(羊肉串)이 떠오른다. 양로우촨은 신선한 양고기를 꼬치에 끼워 숯불에 굽고 그 위에 갖은 양념을 얹어 먹는 신쟝 고유음식이다. 신쟝의 양로우촨이 유명해지자 중국의 각 지방에서는 강한 신쟝 양념 대신 그 지방 사람들이 좋아하는 양념으로 만든 양로우촨을 팔아 많은 인기를 얻고 있다.

▲ 신쟝의 대표요리, 양로우촨

홍콩은...

홍콩(香港)은 아편전쟁 이후부터 영국이 지배해 오다가 1997년 7월 1일, 2047년까지 정치적 자유를 보장받는 조건으로 중국에 반환되었다.

광동어와 영어, 중국의 보통화가 사용되지만, 대부분 광동어를 사용하므로 간단한 광동어 몇 마디를 알아 가면 도움될 것이다. 대표적인 관광지로는 역사박물관, 웡타이신 사원, 빅토리아 피크, 오션파크, 센트럴 미드레벨 에스컬레이터 등이 있다. 특히 침사추이의 스타 페리 부두에서 보는 홍콩섬의 야경은 아시아 최고라고 해도 손색이 없을 만큼 화려하다.

어떻게 가나?

역사박물관은 MTR 침사추이역 E출구에서 걸어서 15분, 빅토리아 피크는 스타페리터미널에서 미니버스 1번을 타고 종점에서 하차, 센트럴 미드레벨 에스컬레이터는 센트럴역에서 걸어서 15분.

▲ 중국과는 또 다른 모습의 활기찬 홍콩 시내 거리

얼마?

박물관을 제외하고 거의 모든 곳의 입장료가 무료이다.
단, 오션파크는 어른 HK$180, 어린이 HK$90의 입장료를 받는다.

알짜 여행 정보

지하철을 타고 코즈웨이베이역 F출구로 나가면 리 가든 쇼핑센터가 나온다. 여기서 쇼핑센터로 들어가지 말고 뒷골목으로 들어가면 골든핀치라는 간판의 레스토랑이 있는데, 이곳이 바로 영화 「화양연화(花样年华)」와 「2046」에 등장한 홍콩의 고풍스러운 식당이다. 그리고 근처에 있는 문가든 티 하우스는 왕가위 감독의 단골집이며, 퀸스 카페는 아비정전의 포스터로 유명한 곳이며, 배우 장궈룽(张国荣)이 죽기 전에 마지막 식사를 했던 곳으로도 유명하다.

엽기강사 이승해의

커이커이 중국어 첫걸음

저자 이승해
펴낸이 정규도
펴낸곳 (주)다락원

초판 11쇄 발행 2012년 4월 6일

책임편집 최준희, 홍현정
디자인 정현석, 김석현, 강유미

다락원 경기도 파주시 문발로 211
내용문의: (02)736-2031 내선 401~407
구입문의: (02)736-2031 내선 112~114
Fax: (02)732-2037
출판등록 1977년 9월 16일 제300-1977-23호

Copyright © 2006, 이승해

값 12,000원(MP3 CD 1장, 특별부록 포함)

ISBN 978-89-277-2063-8 18720

http://www.darakwon.co.kr

- 다락원 홈페이지를 방문하시면 상세한 출판정보와 함께
  동영상강좌, MP3자료 등 다양한 어학 정보를 얻으실 수
  있습니다.